大谷翔平への17の質問

取材現場で
記者は
どんな葛藤と
戦いながら
質問するのか

スポーツニッポン新聞社 記者
柳原直之

アルソス

2024

NLCS
FOX

はじめに

大谷の取材現場では何が起こっているのか?

こんなにやりがいのある仕事に出会えて、私は幸せだとつくづく思っている。2013年冬に北海道日本ハムファイターズの担当記者になってから、メジャーリーグ※1のロサンゼルス・エンゼルスに移籍後も大谷翔平を追い続け、2025年で私の大谷番記者生活は12年目に突入した。

投打二刀流で2021年、2023年にMVP※2に輝き、ロサンゼルス・ドジャースに移籍1年目の2024年は史上最速で「40―40(40本塁打、40盗塁)」を達成したどころか、前人未到の「50―50」を成し遂げ、最終的には最大の目標に掲げていたワールドシリーズを制覇、そして3度目の満票MVPを受賞した。

一生に一度どころか、もう今後二度と出てこないかもしれないような偉大な選手と相対し、直接質問を投げかけて思いを聞くことができる機会に感謝の念は尽きない。

もちろん、取材は決して一筋縄ではいかない。大谷は二刀流で多忙のため、日本ハム時代は1日1回の取材に限定され、1対1の取材は禁止。メジャー移籍後も同ルールが踏襲され、エンゼルスでは報道陣が増えたこともあって徐々に規制が厳しくなり、2023年には取材できる機会は登板日だけに限定されたほどだった。

2024年は幸いにも取材できる機会が増えた。前年に受けた右肘手術の影響で打者に専念したため、活躍した試合や節目の記録を達成した試合後の囲み取材（担当記者たちが選手の周りに輪を作って取材する）に数多く登場。負け試合後にチームを代表してコメントする主力選手のひとりとして会見や囲み取材の場に出てくることもあった。これはエンゼルス時代にはほぼなかったことだ。

一筋縄ではいかないのは、取材機会の少なさだけにとどまらない。大谷は試合で活躍したから、勝ったから饒舌になるわけでもなく、負けたから、活躍しなかったから話さないわけでもない。

たとえば、日本ハム時代の囲み取材では、特定の状況を指定して質問した方が具体的なエピソードを引き出せることが多いと感じていた。だがメジャー挑戦後は、ざっくりとした質問を投げかけた方が、より自身の考えを語る場合が増えていると感じることが多かった。常に考え方が進化しているからか、天邪鬼《あまのじゃく》なだけなのか……。記者の仕事は取材前の事前の想定問答が大事と言われるが、大谷取材に関してそれはあまり意味を成さない。想定問答などせずに、素直に感じた疑問をぶつける方がいいかもしれない。

大谷の性格は未だにつかめない。

正確に言うと、未だにつかませてもらっていない。質疑応答には法則性がなく、質問する際に使ってはいけないNGワードはない。一方で、この話題を振れば確実に盛り上がるというキラー質問もない。「こういう答えを言ってくれたらいいな」と記者が思っているような質問には一切、乗ってこない。

「さっきも言いましたけど」。これは大谷が報道陣からの質問に答える際によく口にするフレーズだ。

記者たちが質問の仕方を変えても、回答が同じ類いになるときに、大谷はこのフレーズを冒頭に言ってから質問に回答する。そして、このフレーズを言われた記者は「心が折れる」思いをする。私も何度も経験したが、「これで心が折れているようでは取材はできない」と自らを励まして前に進んでいる。

「〜じゃないかなと思う」と、あくまでも自分の意見ではなく一般論に置き換えたことのように意見を述べることも多い。

スポーツ紙の見出しやテレビのニュース番組などで「その言葉だけが切り取られて報道されてしまうこと」への対策なのだろうと思った時期もあったが、大谷と接すれば接するほど、本人がそこまで深く考えているかどうか疑問に思う。人にどう思われるか、どう思われたいか。投打二刀流に全力を注ぐ大谷にとって「そんなこと」を気にするような時間の余裕はないからだ。

私の「大谷番」としてのモットーは「節度を保ちながら、覚悟と責任感を持って大谷の一挙手一投足を全国の野球ファンに報じていくこと」だ。担当記者のひとりとして、その姿勢と信念を忘れてはならないと常に肝に銘じている。

「新聞記者は取材対象者と仲良くなることを目的にしてはいけない」

数年前、ある先輩記者に言われたこの言葉は、私の取材者としての行動指針になっている。無論、選手と信頼関係を築くことは大事だ。結果的に選手と仲良くなることは構わないが、その信頼関係に「馴れ合いはないだろうか？」と常に自分に問い正している。仲が良いから信頼関係が築けているのではなく、「正しい情報を正しく伝える」からこそ、真の意味で選手との信頼関係を築くことができると先輩記者から学んだ。

担当記者たちはさまざまな葛藤と戦いながら与えられたチャンスを待ち、考え抜いた質問を大谷に投げる。

２０１３年12月から２０２４年のワールドシリーズ制覇までの11年間、日本ハム、エンゼルス、ドジャース、侍ジャパン※3の一員として戦った大谷翔平。このひとりの野球選手に対し、私もひとりの番記者として多くの質問を投げてきた。なかには箸にも棒にもかからなかった質問もあれば、予想もしていなかった回答が得られた質問もあった。だが、どれも自分なりに考え抜いた質問だ。

大谷を追いかけた11年間で私が投げた質問は数百を超える。本書はその中からメジャー移籍後を中心に背番号と同じ17の質問を選び、それを聞いた背景や大谷の回答、そこにまつわる出来事をさまざまな角度から眺め、大谷翔平という野球選手、いや大谷翔平という人間について改めて考えてみた本である。

私の捉え方、考え方には正解も不正解もないと思っている。読者の方々が本書を通して私とともに緊張感のある取材現場に入り込み、大谷に質問するときの気持ちや雰囲気を体感し、「人間・大谷翔平」を感じていただければ幸いだ。

2025年1月

スポーツニッポン新聞社 MLB担当記者　柳原直之

※1：メジャーリーグとはアメリカとカナダに所在する30球団から編成されるメジャーリーグ・ベースボール（Major League Baseball【略称MLB】）のこと。大リーグやメジャーと表記されることもある。ナショナル・リーグ15球団とアメリカン・リーグ15球団から成る（ロサンゼルス・ドジャースはナ・リーグ、ロサンゼルス・エンゼルスはア・リーグ）

※2：MVPとはMost Valuable Playerの略。最優秀選手。リーグの公式戦で全試合またはある期間を通じて最も活躍し、チームに貢献した選手に与えられる賞

※3：日本ハム（または日ハム）とはプロ野球、北海道日本ハムファイターズの略。侍ジャパンは野球日本代表の総称

Arizona
Elevator
Solutions
24 HOUR SERVICE
480-557-7600

『大谷翔平への17の質問』★目次

1章

一番にこだわる

質問

勝ちたい気持ちの根底にあるものは何ですか？

ヒリヒリする9月を過ごしたい

大谷を語る上で、真っ先に思い浮かぶのが「勝ちへのこだわり」だ。

2017年12月に日本ハムからポスティングシステムで移籍したメジャーリーグのロサンゼルス・エンゼルスで6年間プレーしたが、チームは毎年のように下位に低迷。大谷の辛そうな表情を何度も見てきた。本塁打を打ってベンチに帰ってきても厳しい表情のままだったことは数知れず、時には道具に当たることもあった。

2021年9月のオンライン会見で「もっともっとヒリヒリする9月を過ごしたい。

クラブハウス※1の中もそういう会話で溢れるように。来年以降、そうなるように願っている」と語り、その後、何度もこの「ヒリヒリ」という言葉がメディアで使用されることになった。

エンゼルス在籍時に大谷が一度もプレーオフに出場できなかったことは、担当記者としても悔しい思い出だ。メジャーリーグはプレーオフに出場して〝なんぼ〟の世界。すでに大谷の名とその歴史的な活躍は全米の野球ファンに轟いていたが、野球に関心のない人々にもインパクトを与えるにはプレーオフに出場しなければならない。

「米国の人々にもっと大谷を知ってほしい」

単なる担当記者でありながら悔しささえ覚えたのは、大谷の想いを知っていたからだろう。

ドジャース移籍で「一番大事なこと」

大谷はフリーエージェント※2となった2023年12月にスポーツ界史上最高額の10年総額7億ドル（当時のレートで約1015億円）の超大型契約でロサンゼルス・ドジャースに移籍した。

契約金の高額さはもちろん、その97％を占める6億8000万ドル（同約986億円）を後払いにするという異例の契約内容なども話題になった。

ドジャースを選んだ大谷の気持ちはどうだったのか。同月の入団会見で移籍理由を本人はこう語った。

「勝つことが僕にとって今、一番大事なこと」

この言葉は多くのファンの胸にも深く突き刺さったはずだ。エンゼルス時代の悔しさやもどかしさを知るだけに、私はこの言葉を聞いて身震いさえ覚えた。

このドジャースの入団会見の発言と同様、もしくはそれを上回るほどに大谷の「勝ちたい気持ち」を強く感じたことがある。それはドジャースに移籍する年の1月、第5回ワールド・ベースボール・クラシック（WBC）日本代表先行発表会見の席だ※3。

受付から長蛇の列ができた都内ホテルの会見場。過去のWBCで世界一に輝いた年※4のデザインを基調にした紺色のユニホーム姿の大谷は、暖房の効いた屋内とはいえ半袖で、その心も熱く燃えているように見えた。そして力強くこう宣言した。

「優勝だけ目指して、勝つことだけを考えていきたい。前回は出られなかったし※5、自身としても初めてのWBC。楽しみにしながら頑張りたい」

壇上に座る侍ジャパンの栗山英樹監督（現北海道日本ハムファイターズCBO）と大谷の前にはテーブルと椅子が並べられ、私を含め100人以上の報道陣が集まっていた。私は真っ先に手を挙げて、自分が質問できる順番を待った。

当初、私が質問したかったことは「シーズン開幕前で調整が難しい状況で出場の決め手になった出来事、言葉について」だった。大谷も会見の冒頭で語ったように、第4回のWBCでは開幕直前に右足首痛のため、参加の断念を発表。米アリゾナ春季キャンプ中に開かれた当時の会見には私も出席していたが、あの時の大谷の無念な表情は忘れられない。普段は滅多に見せることのない無精ひげを剃ることもせず、文字通り失意のどん底にいるように見えた。

「相当気持ちを入れて(WBCで)優勝したいなと思ってやってきた。今は目標を見失っている段階。なかなか切り替えるのは難しい。覚悟はしていたが、喪失感というか、本当に申し訳ないという感じ。現時点でどのくらいのタイミングで実戦復帰できそうか見えてこないので、モチベーションとしては難しい状況」

かねてから世界一の選手になることを夢見てきた大谷が「目標を見失っている」「モチベーションとしては難しい状況」とまで言ったことは衝撃的だった。花巻東高※6で3年生だった夏の岩手大会決勝で敗れ、甲子園出場が絶たれたとき以来かもしれない。もしくはそれよりも前だろうか。間近で彼の表情を見て、すぐに立ち直るのは困難な状況に感じられた。

1位以外を目指したことがない

その失意の会見から6年。2023年のWBC会見場で前から3列目の中央に座っていた私の元についにマイクが回ってきた。私は心を決めてマイクを握った。大谷が会見中、何度も「勝ちたい」という言葉を繰り返していたことが気になっていたので、私はこう質問した。

柳原「先ほどから何度も勝ちたいという言葉を繰り返されています。大会に出るのですから勝ちたい気持ちは当然だと思いますが、その根底にあるものは何でしょうか。たとえば、2015年のWBSCプレミア12で悔しい負け方をしたからとか※6、2017年のWBCに出場できなかったとか、いろいろと考えられますが、どういう思いが根底にあるのでしょうか?」

大谷「んー……。なんですかね。野球を始めてから今日まで1位以外を目指したことはないので。そういう意味では負けていいと思ったこともないですし、その中で、さっきも言いましたけど、自分の中で目標のひとつである大会で勝ちたいと思うのは自然の流れかな、というのが率直なところかなと思います」

私の質問の前置きが長かったことには、自分なりの理由がある。高校生の頃から注目されてきたことによる警戒心なのか、大谷は日本ハム時代から記者の質問に対して、その質問の「範囲内でしか回答しない傾向」がある。「勝ちたい思いの根底」を質問するだけでは、具体的なコメントが得られないだろう。そこで私は、大谷自身も会見の冒頭で触れた過去のWBSCプレミア12やWBCへの参加断念を例に出して質問の最後に添えたのだ。

結果として、私の質問はハマらなかった。

しかし、「野球を始めてから今日まで1位以外を目指したことはない」という大谷が発した言葉は、瞬く間にインターネット上やSNS上に広がった。超がつくほど負けず嫌いの大谷らしい言葉だ。実際に文字として世に出ると、その重みはより一層増したように感じた。記者としては避けたい「さっきも言いましたけど」も言わせてしまったが、大谷の心の声を引き出せたようで、この世間の反応は少し嬉しくもあった。

結局、この会見で大谷は「勝つ」「勝ちたい」という言葉を計6回、「優勝だけ」を2回繰り返した。日本チームにとって2009年以来、3大会14年ぶりとなる世界一奪還に向けて、これ以上ない必勝宣言だった。その言葉通り、投打で侍ジャパンを世界一に導いた大谷の貢献度の高さは多くの人の胸に焼きついているだろう。

質問の意図をくみ取ってくれない

大谷の勝利への思いは、WBC制覇を経験しても変わらなかった。それから2年後の2024年10月21日。自身初のワールドシリーズ進出を決めたメッツとのナ・リーグ優勝決定シリーズ第6戦後の記者会見でも、大谷の「1位へのこだわり」が飛び出した。

質問者から「ワールドシリーズは野球選手ならば誰もが目指す場所だが、大谷選手が目指すようになった理由は?」と問われた大谷は、力強くこう答えた。

「逆に目指さない理由はないというか……。このリーグでやっている限り、誰でもそこを目指していますし。そうなるように1年間頑張ってきていると思うので。このリーグでプレーしている全員がそう思っているんじゃないかなと思います」

会見後、この質問をした記者に聞いてみたところ、ワールドシリーズを目指すようになった「きっかけ」を聞いたつもりだったという。私もその記者の質問の意図を理解したが、大谷にはその意図は伝わらなかったようだ。

原則として、大谷は質問者がその質問に込めた意図を「くみ取って答える」ことはしない。

それには必要以上に質問の範囲を膨らませたくないとか、意図せずに口を滑らせたくないという思いがあるのだろう。しかし、この「きっかけ」を聞いた質問に限っては、大谷には「そもそもその思考がなかった」のかもしれない。目指した「きっかけ」など存在せず、「大好きな野球で世界一の選手になりたい」という気持ち、ただそれだけなのではないだろうか。

その一途な思いが大谷をここまで突き動かしていると思えてならない。

※1：選手のロッカールーム
※2：どの球団とも自由に交渉し、選手契約を締結できる権利を持つ選手のこと
※3：第5回ワールド・ベースボール・クラシック（WBC）日本代表先行発表会見（2023年1月6日）
※4：WBCで日本代表チームが優勝した年は2006年と2009年
※5：大谷は右足首痛により2017年のWBCに参加しなかった
※6：大谷の出身校である岩手県・花巻東高等学校
※7：2015年WBSCプレミア12の準決勝・韓国戦で日本代表は大谷の降板後に逆転負けを喫した

2章

過去を振り返らない

質問

この球場でのプレーに懐かしさを感じましたか？

素っ気ない回答に唖然

不思議な導きを感じた。大谷が史上初の「50本塁打・50盗塁」を達成したときの会見場は、その前年に開催されたWBC決勝戦後の会見場と同じだったからだ。

2024年9月19日、米マイアミ州にあるローンデポ・パークの対マイアミ・マーリンズ戦で、大谷は前人未到の「50本塁打・50盗塁」（実際には51本塁打、51盗塁）を達成した。同球場の本塁側に位置するメディアゲートを入った左手にある会見場。前年のWBCで大会MVPに選ばれた大谷の会見が行われた場所で、「50本塁打・50盗塁」達成後の会見が開かれたのだから、感慨深いものがあった。

現地からの報道映像でご存じの方も多いかと思うが、大谷取材では会見でも囲みでも、まず米メディアだけが英語で質問し、通訳を介して大谷が日本語で回答する。その後、通訳が席を外し、日本メディアが日本語で質問する。そのため自分が用意していた質問を米メディアの記者に先にされてしまうことも多い。言語が異なっていても、ひとつの会見で同じ質問はしないため、記者はいつも複数の質問を用意している。

世紀の「50－50」を達成する2日前、同球場で大谷は今季48本目の本塁打をかっ飛ばした。大谷にとってこの球場はＷＢＣ以来、５４６日ぶりだった。だが、米メディアは誰も球場に関する質問をしなかったので、私は日本メディアの先頭を切って迷いなくその質問を大谷に投げかけた。

柳原　「今日ここマイアミでの試合は２０２３年にＷＢＣで優勝して以来でしたが、そこへの懐かしさや、この球場でのプレーをどういうふうに感じましたか？」

大谷　「まあ、ベンチは逆なので。あまり……そこまで一緒の感じはしなかったですね」

私は自分の予想をはるかに上回る、あまりに素っ気ない返答に呆気にとられた。スポーツ紙特有の「見出しを狙った質問」ではなく、大谷番である取材者として「聞くことが必要だ」と感じた質問だったからだ。

確かにＷＢＣでは準決勝も決勝も三塁側ベンチで、この日の試合は一塁側ベンチだった。だが本当に、感慨深さは皆無なのだろうか？

私だけでなく他の日本人記者たちも同様に感じたようで、私の質問のいくつか後に、別の記者が「先ほど球場に関する質問が出ましたが、大谷選手にとってここは非常に思い出深い球場だと思われます。今日はそういう部分を感じたり、思い出したりすることはありましたか？」と同じ質問を重ねた。

しかし、大谷はこう答えた。

「さっきも言いましたけど……逆のベンチなので、あまり一緒な感じはしなかったですね」

当然ながら、「さっきも言いましたけど」も飛び出した。これを言われたら心が折れそうになる記者もいる警戒フレーズだ。だが、その記者のトライを無駄にしてはならない。そこで私もその質問に被せて「(WBCで対戦した現同僚の)ベッツ選手とそのことについて話したりも、特になかったですか?」と水を向けてみた。

だが、大谷の答えは変わらず、「全く話していないですね」。表情や口調から「もう、そのことについては話したくない」という思いすら感じられた。

何も感じないはずはないだろう

大谷が「50−50」を達成したローンデポ・パークは、私や多くの日本メディアにとってもWBC以来の訪問だった。記者室は球場の6階だ。そこからエレベーターで出入り口のある1階に降りると、選手も報道陣も通る天井の低い通路があり、壁にはマーリンズの1997年と2003年のワールドシリーズ制覇を祝うペイントが描かれている。その通路を歩くだけでもWBCで熱狂した数日間のことが思い出され、私は懐かしさを感じざるを得なかった。

会見後、私と同じ質問を大谷に投げた記者は、「なんで同じ質問をしたんだよ！」「おいおい、どうした？」などと記者仲間からイジられていた。囲み取材の時間は限られている。誰もが「自分が用意してきた質問をしたい」と思っているが、全員の希望が叶うことはほぼない。そんな状況で同じ質問をしたのだから、イジられるのは当然だろう。

しかし、その囲み取材を録音したレコーダーを記者室で聞き直したら、同じ質問でも「もう一度、大谷に気持ちを聞いてみたい」と思ったことはすごくわかった。私がこの記者の立場だったら、同じことをしていたかもしれない。ずっと前から夢だったWBCに出場して日本を優勝に導いた球場を再訪して、何も感じないはずはないだろう。そんなことがあるだろうか。私は、その質問を投げた記者に「やっぱり懐かしいですよね……」と話しかけてから、深夜のローンデポ・パークを後にした。

なぜ、大谷はこう答えたのだろう。私がこの質問をした時期はシーズン終盤で、大谷はドジャースの一員として地区優勝へ向けて全力を注いでいた。侍ジャパンが世界一を奪還したWBCは輝かしい思い出だが、その時期にあえてそれを振り返ることはしたくなかったのかもしれない。

大谷は変えられない過去には執着せず、変えられる現在、未来に集中する。大谷はそういう人だ。そう考えると、あの呆気ない回答はいかにも彼らしい。

それから2日後の9月19日。そんな大谷が歴史的快挙となった「50－50」を達成し、ローンデポ・パークのあの会見場で再び会見が開かれた。その時の大谷はこう語った。

「一生忘れないと思いますし、自分のプレーしてきた球場の中で好きな球場のひとつになったんじゃないかと思います」

この感想を聞いて「やっぱり何かを感じたんだ」とホッとした気持ちになった。夢だったWBCを制覇した球場に何も感じていないわけがない。そんなことをわかっていて、あえて質問すること自体が野暮だったのだ。

大谷は「好きな球場のひとつになった」と言った。「50－50」のプレッシャーから解放されて、少しばかり〝素〟が出たのかもしれない。ユニコーン（伝説上の動物）と例えられるほど人間離れした大谷の人間らしさが、わずかにのぞいた瞬間だった。

3章

言葉に力を宿す

質問

打撃と走塁どちらの動きが痛みを覚えますか？

発した言葉が現実になる

日本には古くから、発した言葉通りの結果が表れる力を意味する「言霊」という言葉がある。私は長年の大谷取材を通して、会見で大谷が発した言葉が現実になることを何度も見てきた。驚きを通り越して信じられない気持ちになることも多い。

たとえば自身初となるメジャーでのプレーオフ※1に進出した2024年の「10月の戦い」。この時は特にそれが顕著で、大谷は自ら発した言葉を見事に体現した。

プレーオフは地区シリーズ、リーグ優勝決定シリーズを勝ち抜いたチームがワールドシリーズへ進むが、ドジャースは出だしの地区シリーズで苦戦。先に3勝したチームが次のシリーズへ駒を進められる状況下、第3戦に敗れたドジャースは1勝2敗で後がなくなった。

その試合後※2、ある記者から「後がない戦いで心がけることは？」と問われた大谷は、「2連勝すればいいゲーム。後がない感覚が今の僕にはない。2連勝すればOKというゲームだと思っています」と、事もなげに答えた。

その表情に焦燥感はなかった。極端かつシンプルな思考法だ。あえて強気で言っているわけでもないように見えた。この日の短い会見中、「2連勝」や「2勝」という言葉を計4度も反復し、会見後は後ろを一度も振り返らずに会場を後にした。まるで「前しか見ない」ことを表現しているように颯爽と歩いていった姿が印象に残った。

2日後、ドジャースは「後がない」試合に勝利して2勝2敗のタイに戻し、最終決戦を翌日に控えた会見。この時も、もちろん大谷は前だけを向いていた。

「本当に、良いことも悪いこともほとんど忘れているので。（地区シリーズの）1戦目の全体的な感じも忘れていますし、終わったゲームは、短期決戦は、特に終わったこと、全部終わった後に振り返ればいい。そんな感じで明日は勝つことに全力で集中できていれば、今はいいのかなと思います」

反省と準備をとても大事にする大谷が「悪いことも忘れている」と言ったことに、少し驚いた。「極端な表現だなぁ」とも思ったが、この時の大谷はいわゆる「ゾーンに入っていた」ような印象を受けた。これほど前向きな言葉を並べる大谷をそれまで見たことがなかったからだ。

そしてドジャースは翌日の第5戦に競り勝ち、地区シリーズを突破。大谷の言葉には確かな力が宿っていた。

痛くないという気持ちでやっている

そして迎えたワールドシリーズ。1981年以来、43年ぶりに実現したドジャースとヤンキースとの対決としても話題を集めた。この時の大谷の言葉はさらに力が入っていた。

第2戦※3で左肩を脱臼した大谷は、翌々日の第3戦※4に患部を保護しながら強行出場した。初回、先頭打者で迎えた注目の打席。大谷は目いっぱいの力で素振りを14回も繰り返してからバットを構えた。ユニホームの下の左肩にはテーピングを施していたが、痛そうな表情は「見せないと決めている」ように見えた。

「いつもと違う感じはしたが、そこまで大きく違う感じはしなかった」と、試合後に語ったように、この時の大谷は覚悟を決めていたのだろう。

四球で出塁し、走者としてリードを取る際には、患部に負担をかけないため左手でユニホームの胸元をつかんだ。スライディングや盗塁はもちろん推奨されていないが、とっさに地面に左手をつく動作をしないように、牽制での帰塁も立った姿勢を通した。1死後に3番フリーマンの右越え2ラン本塁打で生還。全力疾走は必要なかったが、大谷の存在が先制点、そして3連勝を呼んだ。

日米合わせて100人以上の報道陣が集結したその試合後の記者会見。最後の質問者に指名された私は、それまで出ていなかった肩の痛みの詳細に関する質問を投げかけた。

柳原「打撃と走塁はどちらの動きが左肩に痛み、違和感を覚えますか？」

大谷「試合の中ではもう痛い、痛くないというのはあんまり考えていないので。もう痛くないという気持ちでやっていますし。まあ、その、悪化だけはしないようにやれることというか、走塁の時もそうですけど、最低限のやれることは継続してやりたいと思っています」

大谷が「痛くないという気持ちで」と言ったとき、私とバッチリ目が合って、察した。今はそういう気持ちで戦っている最中だ。これ以上、痛みについて聞かないでほしい、ということだろう。左肩の脱臼を抱えての強行出場。痛くないわけがない。しかし、痛いと思いながらプレーを続けても何も良いことは生まれない。言葉だけでも、気持ちだけでも前向きになろうとする大谷の姿勢が勝利を呼び込んだ。

選手が前を向いて走りだそうとしているときに、記者がその邪魔をしてはいけない。11年間、私はそうやって大谷と対峙《たいじ》してきた自負がある。言葉にされたことを正しく伝えるのはもちろんだが、言葉にはされない想いを受け止めることも大事にしていきたい。

記者冥利につきる格別な夜

ワールドシリーズ第5戦※5、1点リードで迎えた9回2アウト。打者が空振り三振してドジャースの優勝が決まると、大谷はベンチを飛び出してマウンドに駆け出した。もう左肩の痛みを気にしてユニホームをつかむ必要はなかった。自身初のワールドチャンピオン。歓喜の輪の中で跳び跳ね、顔をくしゃくしゃにして笑った。

「最高以外の言葉がない。新しいチームに来て、最高の終わり方ができて、本当に最高の1年間だった。ケガした直後はもう無理かなと思った。けど、その後の処置も含めて（チームが）必要だと言ってくれたのが嬉しかった。最後までプレーしたいという気持ちにさせてくれた」

シャンパンファイトではトロフィーを両手で掲げた。デーブ・ロバーツ監督は「彼は片方の腕（右腕）だけでプレーし、ナインからさらに尊敬を集めた」と大谷に敬服した。

会見を終えた大谷は、山本由伸とこの日に先発したジャック・フラーティとともにヤンキースタジアムのマウンドに上がって記念写真に納まった。2025年には投手復帰が待っている。常に前を向く大谷らしく、最後にひとりでマウンド上でガッツポーズを作ってからグラウンドを後にした。

警備員に諭され、私が球場を後にしたのは深夜3時だった。記者室にはまだ大勢の記者が残って、ドジャースのワールドシリーズ優勝に関する原稿を書いていた。私もホテルに戻ってから書かなければいけない原稿がまだ大量に残っていたが、不思議と疲労感はなく、むしろ高揚感で体中が満たされていた。「今回の米国出張が一番大変だった」と半泣き顔、半笑顔で話すのは毎回のことだが、この夜は格別だった。

記者冥利につきるとは、こういうことを言うのかもしれない。

※1：ポストシーズンとも呼ばれ、レギュラーシーズン（3月下旬〜10月初旬に162試合開催）終了後に各リーグの上位チームから優勝チームを決定する試合を行う期間。地区シリーズ（Division Series/DS）、リーグ優勝決定シリーズ（League Championship Series / LCS）、ワールドシリーズ（World Series / WS）へ進み、ワールドシリーズで優勝したチームがワールドチャンピオン

※2：2024年10月8日地区シリーズ第3戦の試合後の会

※3：2024年10月26日ワールドシリーズ第2戦（本拠地ロサンゼルス）

※4：2024年10月28日ワールドシリーズ第3戦（ニューヨーク）

※5：2024年10月30日ワールドシリーズ第5戦（ニューヨーク）

EXIT

FBM

4章

人に興味がない

質問

自身の記事を見ることはありますか？

大谷翔平ってどんな人？

「大谷翔平ってどんな人？」。私が同僚、上司、友人から最もよくされる質問だ。まず、大谷は本音をさらけ出すタイプではない。報道陣と話すことを好んでいるようにも見えない。その時間があるならば練習に充てたいと考えているのかもしれない。

私は大谷が「世界一の選手になるため」に日頃から練習をストイックにこなす姿を日本ハム時代から間近で見てきた。チームを日本一に導いた2016年のクリスマスイブに2軍施設でひとり打撃練習に励む大谷の映像が、球団広報から栗山英樹監督（当時）

に送られてきた話は有名だが、そういったエピソードは枚挙にいとまがない。

投打二刀流であることを差し引いても、大谷の練習時間は他の選手に比べて長い。グラウンドを離れると、コンディションを整えるために「ほとんど寝ている」というが、これは大げさな話ではない。

特に遠征先ではそれが顕著で、エンゼルス時代に敵地ニューヨークで行われた試合後[※1]に地元の敏腕記者たちから「試合で毎年訪れている大都会ニューヨークの雰囲気について」聞かれたときには、「1回も（ホテルから）出たことがないので、わからないです」と照れ笑いし、日米の報道陣を驚かせた。アメリカで最も有名な都市を観光したり、世界でも名だたる店に出かけたりするより、試合に向けてコンディションを整えることを優先する選手であることを周知させたエピソードのひとつだ。

私は冒頭の質問に対し、「全てを野球に注いでいる男」と答えることが多いが、実は自分の回答にモヤモヤしている。なぜなら、大谷翔平という男を言葉で表現すると、どうしても陳腐になってしまう気がするからだ。大谷はもっと壮大で、奥深く、それでいてダイヤモンドのように輝き、固い信念がある男だ。どうだろう？　自分でも何を言っているのかわからない。

礼儀正しい男だが、要補足

そんな中、大谷の人間性を表現する上で腑に落ちた言葉があった。

2023年3月、WBCに向けた侍ジャパン宮崎合宿の合流直前に、外野手の近藤健介（福岡ソフトバンクホークス）が、日本ハム時代に同僚だった大谷について報道陣に問われ、「ちょこちょこ連絡をしたりはするけど、（大谷は）あまり人に興味がないので」と語ったとスポーツニッポン新聞社（以下スポニチ）のソフトバンク担当記者から聞いた。二人は日本ハム時代に5年間、チームメイトとして戦った仲で、年齢もひとつ違いという親しい間柄だ。

「人に興味がない」は、もちろん悪口ではない。むしろ、大谷の人間性を表現する言葉として、実に的を射た良い表現だと感じた。

2023年のWBCでは大谷がベンチで年下のチームメイトたちに積極的に声をかけ、時には身振り手振りでアドバイスを送る様子をよく見かけた。大会前の壮行試合ではチーム最年長のダルビッシュ有（サンディエゴ・パドレス）と変化球談義をしている様子をテレビで見た野球ファンの方々も多いだろう。そんな男がなぜ、仲の良い先輩から「人に興味がない」と言われるのか不思議に思うかもしれない。もう少し説明しよう。

大谷は「礼儀正しい男」であることに疑いはない。ただ、それには補足が必要だ。

たとえば、日本ハム時代から大谷は先輩に食事に誘われても、2次会の酒席には付き合わないことは有名な話だ。警戒心は人一倍強いが、他人の目は気にしない。つまり、「断ること」で自分が周囲からどう思われるかとか、相手に自分がどう見えているかを気にすることは「ほぼない」という印象が当時から強かった。

「礼儀正しい男」としては意外に思われるかもしれないが、メジャー移籍後の大谷は試合前の練習と準備で多忙なため、日本ハム時代に関わった選手やコーチ、関係者を除き、メジャー取材に訪れる日本球界OBや著名人、芸能人の方々と会話をすることはほぼない。関係者によれば、報道陣から見えないベンチ裏でこっそり話しているわけでもないという。

相手によって態度を変えない

大谷は対峙する人によって態度を変えることもない。私のように長く取材している番記者でも、初めて現場に来た新人記者でも、ベテラン記者でも、テレビ局の著名なアナウンサーでも男女問わず、取材対応はほぼ同じ。表情を緩めることなく、質問に対する回答にブレがない。

それを裏付けるエピソードがある。2024年のドジャースのキャンプ初日の囲み取材での一幕だ。

大谷は同キャンプ前の2023年オフに、日本国内の全小学校に3個ずつニューバランス製のグローブを寄贈した。小学生の野球競技人口が低迷する中で「野球しようぜ！」とメッセージを発信し、「このグローブが私たちの次の世代に夢を与え、勇気づけるためのシンボルとなることを望んでいます」と談話も発表した。

それを受けて、日本のキー局の人気女性アナウンサーがこう質問した。

アナウンサー「日本全国の小学校に続々と大谷選手が寄贈したグローブが届いています。野球の裾野を広げるという意味でも今キャンプは注目されています。子どもたちも含めて、どんなメッセージをこのキャンプの姿で伝えたいですか？」

大谷「特に伝えたいことはないですね。（キャンプは）シーズン前のやるべきことをやる場所だと思っているので。当然、メディアの前で話す機会はオフシーズンよりも増えますけど、それはそれとして、やることは変わらず、まずはシーズンに向けて準備する大事な期間だなとは思っています」

聞き手の女性アナウンサー、はたまたそのテレビ局は、大谷が発表した談話のようなメッセージが返ってくることを期待したのだろう。だが、大谷からすれば、もう談話は発表しているし、必要以上に騒ぎ立ててほしくない――表情や口調からそんな想いが読み取れた。

もうひとつ、大谷らしいエピソードがある。

2021年と2022年のオールスター戦の取材陣の中に、大谷のかつての仲間である花巻東野球部の同級生が複数人いた。しかし、いずれの年も彼らの滞在中に大谷が一緒に食事に出かけたり、時間を取って話したりする機会はなかったという。彼らと仲が悪いわけではない。練習の合間や囲み取材の直後などの隙に、大谷が彼らにちょっかいをかけることもあり、むしろ心を許している数少ない仲間のように見えた。

同校の3学年先輩である菊池雄星（ロサンゼルス・エンゼルス）は、自身の準備が忙しくても、後輩たちのひとりと食事に出かけていたので、かつての仲間であっても時間を作らないのは大谷特有だと思っている。

誰かを優遇しない理由

では、なぜ大谷はかつての仲間にまで一線を引いたのか。

そのヒントになるかもしれない大谷の言葉がある。プロになって数年目のオフの日本ハム2軍施設。大谷と私、別の記者がもうひとりという、今では考えられない少人数の囲み取材時のことだ。

柳原「ご自身の記事を見ることはありますか？」

大谷「Yahoo! で見ています。どの記者の方がどんな記事を書いているかは見ています。この人にこれを言うと、こういうことを書くんだって」

自身の記事には全く興味がないように見えていたので、これを聞いて少し驚いた。この流れで大谷は別の日にこうも言った。

大谷　「自分の良いことばかり書いてある記事が良い記事とは思っていないですよ」

これを聞いて私は、記者の仕事がプロとして扱われていることを嬉しく感じたと同時に、自分でもわかるほどに身が引き締まったことを覚えている。プロ野球選手も記者もそれぞれの立場で任された仕事をこなし、球団や会社から対価となるお金をもらっている。聞きやすく書きやすいことばかり書くのではなく、時には聞きづらい質問を投げかけなければならない場面や、厳しいことを書かなければならないときもある。正しい情報を正しく書くことが記者の仕事。記者と取材対象者の馴れ合いは不要。大谷は記者の仕事を経験したことがなくても、その本質を見抜いているようだった。

選手と取材者としてお互いの仕事を尊重し、相手へのリスペクトの気持ちを持つ。そう考えているから、球界の大先輩であろうと元チームメイトであろうと、報道陣のひとりとして取材のために大谷の元を訪れた際、大谷は彼らを「優遇」しないのかもしれない。

強みとなる思考

大谷の「人に興味がない」という思考や信念は、野球に関しては強力な強みに変わる。

2012年の大谷のドラフト※2を覚えている人は多いだろう。メジャーを志していたが日本ハムの強行指名を受け、度重なる交渉の末、投打二刀流という前代未聞のプランを提示されて大谷は日本ハムへの入団を決意。その入団経緯は他球団を含め、各方面から批判された。当時、二刀流の起用を肯定する意見を日本ハム関係者以外から聞いた記憶がない。

そんな状況下で大谷が信念を曲げなかったのは、「人（の意見）に興味がない」からなのではないだろうか。

メジャー挑戦時も「二刀流は通用しない」と言われ、不振だった開幕前のキャンプ中には著名な米スポーツ記者から「打撃は高校生レベル」と揶揄されたこともあったが※3、大谷は全く意に介していないように見えた。

新人王を獲得した2018年10月には右肘の靭帯再建手術（通称トミー・ジョン手術）、2019年9月には左膝膝蓋《しつがい》骨の手術を経験した。度重なる手術で二刀流の将来を懸念する声も聞こえてきたが、大谷は諦めなかった。他人が何を言おうが、自らの力を客観的に捉え、二刀流を継続できると信じていたからだろう。

心身ともに万全な状況で迎えた2021年、大谷はついに二刀流として本格的に覚醒した。投手として9勝し、打者では46本塁打など歴史的な活躍を見せ、満票でア・リーグMVPを獲得。翌年はMVPこそ逃したが、投手では自己最多の15勝、219奪三振を記録し、打者では34本塁打。メジャー史上初めて投打で「規定」※4に到達する異次元のパフォーマンスを見せた。2023年は10勝&44本塁打、史上初の2度目の満票でア・リーグMVPを獲得。2024年も3度目の満票でナ・リーグMVPを獲得し、全盛期真っただ中だ。

こういう結果を出せたのは類いまれな実力や努力はもちろんだが、大谷の「人に興味がない」思考も大きく後押ししているように思う。

往年の有名選手を知らない大リーガー

ＭＶＰといえば、毎年メジャーリーグ専門局「ＭＬＢネットワーク」の発表中継が恒例だ。２０２１年の同賞のプレゼンターは、シカゴ・ホワイトソックスで2度のＭＶＰに輝いた往年の名選手フランク・トーマス氏だった。トーマス氏から名前を呼ばれた大谷は「Unanimous Vote（満場一致だった）」と告げられると、少し驚いたように目を見開き、画面に向かって2度、会釈した。

関係者によれば、大谷はトーマス氏のことを知らなかったそうだ。現役時代をリアルタイムで見ていない世代なので同氏を知らなかったのだろうと想像するが、野球に人生を捧げている大リーガーが往年の有名選手を知らないとは興味深いというか、大谷らしいと感じた。

社会人野球の三菱重工横浜で野手としてプレーし、大谷が所属した少年野球チームでは監督を務めた父・徹さんは、少年時代の大谷によく「イチローさんを目指しなさい」

と伝えていたという。打って、走って、二塁打を多く打つような打者が理想だったからだ。ただ、徹さんは「実際、翔平がどう思っていたのかはわからない。特定の選手への憧れは感じたことがないように見えていた」とも話していた。

やはり、大谷は「人に興味がない」と、私は見ている。

※1：2023年4月18日、敵地ニューヨークで行われたロサンゼルス・エンゼルス対ニューヨーク・ヤンキース戦後の囲み取材

※2：プロ野球球団が新しい選手を獲得するためのシステム。大谷は2012年、高校3年生の時メジャーリーグを目指すと公言していたにもかかわらず、北海道日本ハムファイターズが1位指名した

※3：2017年のキャンプ中、米スポーツ専門局ESPNの看板記者ジェフ・パッサン氏から「打撃は高校生レベル」と揶揄された

※4：投手の規定投球回とは防御率などのタイトルを獲得するために必要な回数であり、シーズンの試合数と同数以上のイニングを投げる必要がある。打者の規定打数は試合数×3.1（162試合ならば規定投球回162、既定打数502）

5章

疲れを見せない

質問

けいれんやつる症状の原因をどう考えていますか？

大谷のベスト・パフォーマンス

番記者という職業柄、「大谷のベスト・パフォーマンスは何だと思うか？」と聞かれたことは一度や二度ではない。

ここ最近では、6打数6安打10打点、3本塁打、2盗塁で前人未到の「50－50」を達成した2024年9月19日の対マイアミ・マーリンズ戦が「大谷史上最高の試合」と称されることが多いが、大谷は記録にも記憶にも残るプレーを数々見せているため、ここは人によって意見が分かれるところだろう。

だが、私は1択。2023年7月27日、敵地デトロイトでのタイガースとのダブルヘッダー[※1]で、エンゼルスの大谷が投打にフル回転した、あの「伝説の1日」だ。

第1試合に先発した大谷は、メジャー初完投を1安打の完封で飾り、9勝目を挙げた。7回に最速99・5マイル（約160キロ）を計測するほどスタミナも十分で、8回に97球を投げ終えた後、ベンチでフィル・ネビン監督に「I'm finishing.（俺が終わらせます！）」と言って続投を志願。メジャーで初めて9回のマウンドに上がり、試合の最後まで111球を投げ切った。試合を終えた大谷は「指の状態も良かったし、投げ心地も、動き方もしっくりきていた」と、納得した表情でうなずいていた。

その完封勝利から45分後に開始した第2試合では、2回に37号2ラン、続く4回には2打席連発38号ソロ本塁打を打った。ダブルヘッダーで完封し、もう1試合で本塁打を打ったのはメジャー史上初の快挙だった。

「伝説の1日」の代償

しかし、2本目の本塁打を打った直後に大谷は左手で左腰付近を押さえ、苦痛に顔をゆがめながらダイヤモンドを一周。7回の打席では代打が送られた。球団発表は「けいれん」で、ネビン監督は「体全体の筋肉がけいれんを起こした。運動量が多い一日だった」と説明。「水分を取り、今日しっかり寝れば明日のプレーに支障はないだろう」と軽症を強調した。

大谷は試合後の勝利を祝うハイタッチの列には加わらなかったので、私は様子を見に急いでクラブハウスに向かった。すると大谷はいつもと同じような様相でチームメイトと談笑していた。ネビン監督の通算100勝※2を祝ったケーキの一切れを皿に載せて食事会場に向かうなど、リラックスした様子に見えた。

だが、私は大谷の「けいれん」が心配だった。

これまでもスイング後に左腰や左脇腹を押さえたことがあったが、途中交代は初めてだ。その日、2本目の本塁打（38号）を打つ直前に同様のしぐさを見せていたので兆候もあった。

この年はここまで欠場はわずか2試合。ネビン監督はコーチ時代からよく大谷と意見交換し、基本的に大谷の意向を尊重していたので、エンゼルスには大谷が「大丈夫」と言えば毎日でも出場できる環境が整っていた。

だが、全く休まないことは問題ではないのか？

私は、この年の4月下旬に「出場し続けた方が調子を維持できるのか？」との質問に対して、大谷が「必要とされれば出たい」と答えたことにも引っかかっていた。二刀流でケガなくシーズンを完走することが、チームの勝利に最も直結するはずだ。

日本人選手初の本塁打王、そして自身初のポストシーズンへ進むためには、あえて休養を選択することも時に必要ではないのかと強く感じた1日でもあった。

試合を休まない大谷の「けいれん」

懸念した通り、「伝説の1日」の代償は大きかった。

翌28日のブルージェイズ戦、大谷は初回1打席目に相手投手※3の初球を捉え、先制の39号ソロ本塁打を放った。「2日越しの3打席連続本塁打」はキャリア初だったが、8回に遊ゴロを放った際、大谷が自ら異変を訴えて、またしても途中交代。試合後、ネビン監督は交代の理由を「両脚ふくらはぎのけいれん、つった状態」と説明した。

前日は2本目の本塁打を放った際に左腰付近の「筋肉のけいれん」で途中交代したが、一夜明けたこの日の試合前には、大谷はネビン監督に「100%の状態」と伝えていた。しかも、その日は気温28度、湿度83%という高温多湿の過酷な環境での試合だった。大谷を近くで見ていたカメラマンによると、試合の終盤には球場内の階段に片足をかけて5秒ほど立ち止まる姿も見られたそうだ。

ネビン監督は「彼が明日、起きたら再検査するが、まだけいれんに苦しんでいる。この2日間は運動量が多かった」と補足したが、試合後のクラブハウスでもシャワーに向かう大谷の足取りはぎこちなかった。

翌29日の試合前のネビン監督の囲みで、私は「病院に行ってMRI検査は受けたか？」と質問を投げた。すると監督は、「ノー。球団の医療スタッフに診てもらって大丈夫だった。リスクがあると思ったら出場させせない。我々を信じてほしい」と言った。その後も「ただのけいれん。状態は良い」と繰り返すばかりだった。

この頃から、記者席でも毎日のように「なぜ大谷は休まないのか」「休んだ方がいい」という声が聞こえていた。私も当然、その意見に同意だった。こんなに疲れている様子の大谷を見たことがなかったからだ。だが、エンゼルスと大谷は「出場」を選択し続けた。

その5日後、8月3日のシアトル・マリナーズ戦で大谷は8回に自身2年ぶりとなる40号ソロ本塁打を放った。しかし、投手として登板中に右手中指がつり、4回59球を投げて無失点だったマウンドを降板した。それでも大谷は肘当てを着けながらバットを手にして、ベンチ奥へ入っていった。記者室はざわついた。

「なか（屋内）で振ってみて決めました。（自分が）出た方がチームの勝つ確率は高い」

中指がつったにもかかわらず、スイングをして体の状態を確認した大谷。投球では思うように力が入らなかったが、ＤＨ（指名打者）※4での出場を続行したのだ。「大事な試合。1点争うゲームなので、投げる選択の方が迷惑がかかる」。試合後の囲みでそう語った大谷に、私は迷わずに質問した。

柳原　「つること自体は3度目。原因はどう考えていますか？」

大谷　「一番は疲労じゃないかなと思いますね。それは単純に連戦ということもありますし、移動が含まれる、そういうところもあると思いますけど。できる限りの体調管理はしてはいるので。その中で出られるという判断ではあったので、結果的にこういう形になってしまって申し訳ないかなという感じかなと思います」

メジャー移籍後からの大谷の発言を私は全てメモアプリで保存している。それを読み直したところ、シーズン中の「疲労」を認める談話は、この試合までの6年間で、たった4度しかなかった。初めて二刀流で完走した2021年の総括会見で「そういうふうに感じる時期はあんまりなかった」と話すほど、普段から徹底した体調管理で「疲労」を乗り越えてきたからだ。

この日は、私がいったん日本に帰る前日だった。会見後にクラブハウスでスマートフォンを触っていた大谷に帰国の挨拶をすると、目を見開き「お疲れしたっ」といつもの返事が返ってきた。その元気そうな表情に少しホッとして球場を後にした。

だが、この後に怒濤の展開が待っていた。

8月23日のシンシナティ・レッズ戦後に大谷の右肘靭帯損傷が判明し、シーズンの残り試合の登板が消滅した。その後は打者として出場を続けていたが、9月4日の打撃練習で右脇腹を痛め、9月15日のデトロイト・タイガース戦後にクラブハウス内の自身のロッカーを整理して球場を後にした。運悪く、私にとって同シーズン最後の米国出張の初日がこの日だった。19日には遠征先のフロリダ州タンパで右肘手術の一報を聞き、30日の球団MVPなどを表彰する本拠地でのセレモニーに参加するまでは大谷の姿を一度も見ることができなかった。

2023年シーズン終盤の大谷に何が起こったのか。

右肘靭帯損傷が判明した直後は驚きより、まず悔しさが込み上げた。右肘手術は翌2024年シーズンは打者に専念することを意味し、自身がフリーエージェントとなるオフの移籍市場にも大きく影響する。前兆は必ずあったはずだ。防ぐことはできなかったのか？　管理体制はどうだったのか？　記者としてもっと何かできることはなかったか？　私の悔しさは尽きなかった。

ただ一方で、大谷はその時、その時でベストの判断を下し、力を尽くしたという見方もある。登板間隔をあけるなどして、休養を十分に取っていたとしても、同様のケガをした可能性は否めない。メジャーの世界で、先発ローテーションに穴をあけずに登板し続けながら、ＤＨとして毎日出場し続ける二刀流とは、それほど過酷なものだからだ。

２０２１年から本格的にスタートした休養日なしの二刀流。私たちはこれまで「奇跡に近いものを見ていた（いる）」と言っても過言ではないだろう。それほど、大谷という選手は我々の前で疲れを見せない。

※１：同じチーム同士が同じ日に同じ球場で2回試合をすること
※２：ネビン監督の通算１００勝は監督代行時代からの通算
※３：２０２３年7月28日の対トロント・ブルージェイズ戦。相手投手はケビン・ガウスマン
※４：ＤＨ（Designated Hitter）とは指名打者のこと。攻撃時に投手の代わりに打席に立つ攻撃専門の選手

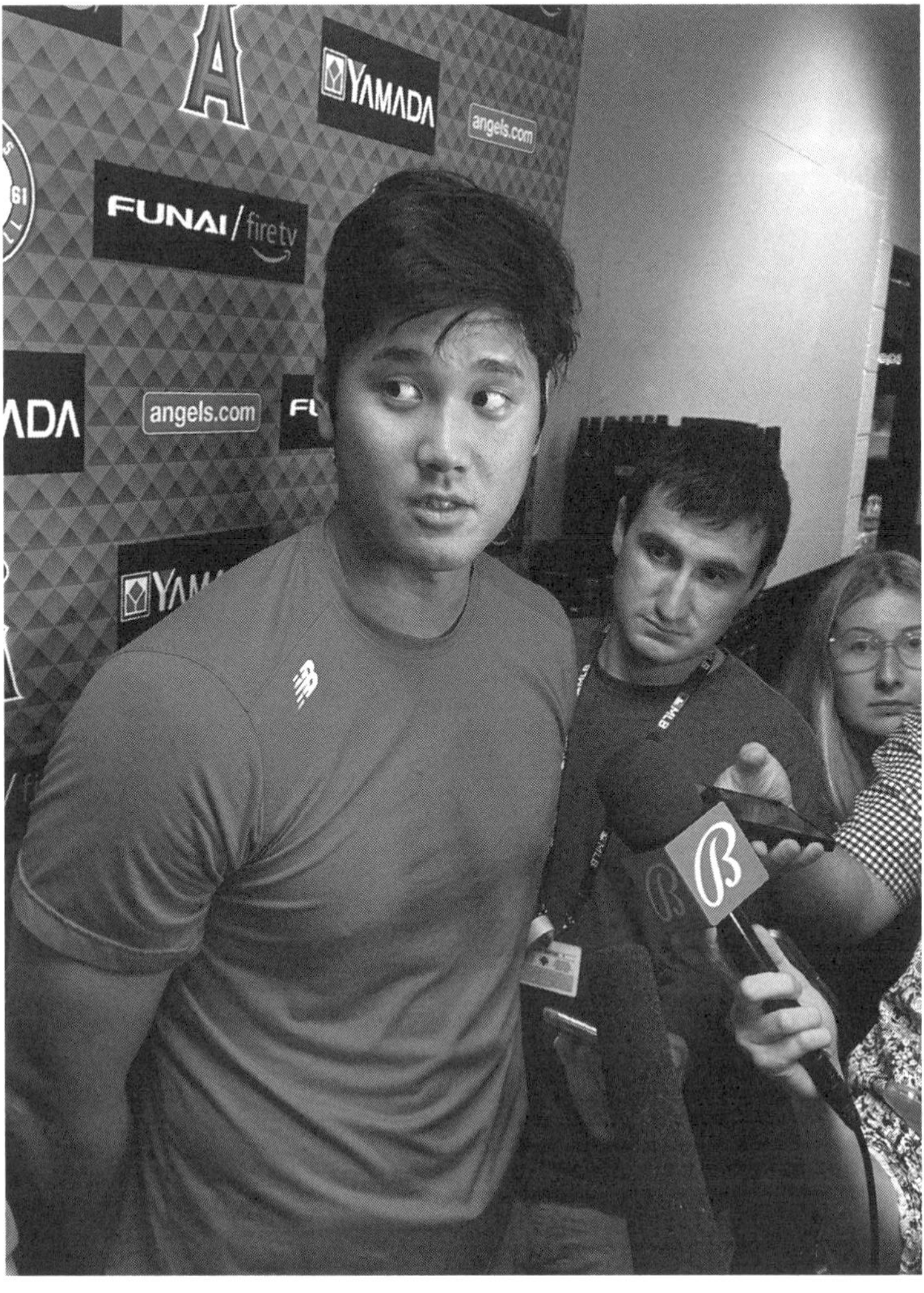
YAMADA
angels.com
FUNAI/fire tv
angels.com

6章

メディア対応で役目を果たす

質問

決勝戦で1％でも投げる可能性を自分の中に残していますか？

認めないとわかっていても、聞く

泣いていたように見えた。

侍ジャパンが3大会ぶりに世界一に輝いた2023年3月21日、WBC決勝後の優勝会見。大谷は直前にグラウンドで行われた優勝メダル授与のセレモニーで、不自然なほど目の周りを何度も拭っていた。認めはしないとわかっていても、聞かないわけにはいかなかった。

柳原「セレモニー中にグッと来ているような感情の揺れがあったように見えました

が、汗ですか？　それとも、涙でしょうか？」

大谷「汗ですね」

そう言うとイタズラっぽい笑みを浮かべ、100人以上の報道陣が集結したローンデポ・パークの会見場にドッと笑いが起きた。大谷は別の質問にこう答えた。

「間違いなく今までの中でベストの瞬間じゃないかなと思いますし、今日勝ったからといって、その目標が達成されているわけではないので、これはひとつの通過点としてこれからもっともっと頑張っていきたいですし。これからシーズンが始まるので、そこに向かって日々努力したいなと思います」

日本ハム時代から番記者として追いかけているが、大谷がこんなにも感情を表に出した発言はこの時、初めて聞いた。

花巻東高3年生の時に書いた人生設計ノート。その27歳の欄には「WBC日本代表M

VP」と記されている。計画表より1歳年を重ねたが、初のWBC日本代表入りだけでなく、MVPも達成。喜びもひとしおだっただろう。その一方で、満足感に浸りきらず、次なる目標に早くも目を向けている姿は大谷らしいと思った。

他選手とは異なる大谷の取材ルール

WBCでの大谷の取材対応は「エンゼルス流」が踏襲され、原則はヒーローインタビュー※1と登板後の会見のみ。ダルビッシュ有らメジャーリーガーを含めた他の選手たちはミックスゾーンでの取材が可能だったが、大谷だけは原則禁止だった。

そんな中、3月9日の中国戦後は大谷の対応はヒーローインタビューに限られ、会見は行われない「例外」も発生。「二刀流は時間との戦い」だから報道陣に対応する時間がないことを理解しつつも、限られた取材状況下で各メディアがどう独自色を持って報じるか悩ましく感じていた。

しかし、そんな心配も杞憂に終わるほど、WBCでの大谷は感情豊かで饒舌だった。

そして、その言葉は多くの人の心を動かしていった。

この中国戦後のヒーローインタビューで大谷は、「今日の勢いをそのまま試合につなげたいですし、(翌10日の韓国戦の)先発ダルビッシュさんなので、なんとか援護できるように、僕自身頑張りたいなと思います」と発言し、東京ドームの大観衆をどよめかせた。まだ栗山監督が明日の先発投手を発表する前だったからだ。普段から「秘密主義」の大谷らしからぬ姿に私も驚かされた。

この試合より前、同6日のヒーローインタビュー[※2]では、ファンの歓声を煽るような発言もした。それも、良い意味で大谷らしくなかった。

9日の中国戦後も「まだまだ足りないんで、明日もっともっと大きい声援でよろしくお願いします!」と、ファンをさらに煽った。WBC初本塁打を放った12日のオーストラリア戦後は「子どもの頃からずっと夢見ていましたし、本当に早く打ちたいと思っていたので」と感慨に浸りつつ、声援の大きさを問われると「まあまあでした。ははは(笑)」とオチをつけ、スタンドを笑いに包んだ。

以前からチームメイトとじゃれ合う姿やユーモア溢れる一面があることは知られていたが、エンゼルスでの活躍で「メジャーの顔」となり、大谷の人間性が世界中の野球ファン全体に浸透してきたと実感した一幕だった。

準決勝前にどうしても聞きたかった質問

WBC大会の終盤になるとミックスゾーンでの原則ルールが緩まり、大谷も試合後や練習後に立ち止まって報道陣と話すようになった。その中でも特に印象に残っているのは3月19日、準決勝メキシコ戦前日の練習後。球場内の通路でのやり取りだ。

柳原　「決勝で投手として1％でも投げる可能性を自分の中に残していますか？」

大谷　「もちろん先発はないと思いますし、中継ぎでいく準備はもちろんしたいなと思っていますけど、そこは体調との相談というか。ここまで本当に球団（エンゼルス）にわがままを聞いてもらって、本当にいろいろと許容してやってもらっているところでもあるので。最後の最後ですし、あとは自分の体と相談しながら決めたいなと思っています」

私の予想を大きく上回る答えだった。当時大谷が在籍していたエンゼルスからは、当初「中5日の登板」に加えて「先発のみ」という制限がかかり、同チームのネビン監督も準決勝以降の登板を否定する発言をしていたからだ。大谷自身、ネビン監督のこの発言について問われたときには「いや、全然まだ何も話してないんで。まだ何も決まってないです」と話していた※3。

「1%でも投げる可能性を自分の中に残していますか？」という私の質問は、「準決勝以降は打者に専念します」という回答も想定した上での問いだった。

ところが大谷は「中継ぎでいく準備はもちろんしたい」と口にしたのだ。その瞬間、私だけでなく、その場にいた10人ほどの記者全員が「必ず大谷は決勝で登板する」と理解したはずだ。いつ球団を説き伏せたのかは明言せずとも、大谷がここまで起用法について自身の考えを話すのは、極めて珍しいことだった。

大谷はＷＢＣ決勝はＤＨでスタメン出場する予定だった。もし救援投手として登板するならばＤＨを解除する必要がある※4。仮に大谷が中継ぎで登板して降板した場合、打順に投手が入ることになり、その後に打者としては起用できなくなるリスクがあった。大谷が打って投げるには、日本チームがリードした最終回で守護神としてマウンドに上がり、「胴上げ投手」となるしかない状況だった。それが実際、その通りになったのだから、まさに漫画か映画のような試合だった。

大谷の言葉には重みがある

決戦直前、チームの公式カメラが回っている中、クラブハウスで「声出し」を初めて任された大谷がナインの目を覚ました。

「僕から一個だけ。憧れるのをやめましょう。ファーストにゴールドシュミットがいたり、センターを見たらマイク・トラウトがいるし、外野にムーキー・ベッツがいたり、野球をやっていれば誰しもが聞いたことがあるような選手たちがいると思う。今日一日だけは、やっぱり憧れてしまっては超えられないんで、僕らは今日超えるために、トップになるために来たので、今日一日だけは、彼らへの憧れを捨てて、勝つことだけ考えていきましょう。さあ、行こう！」

この映像は試合が始まる直前に侍ジャパンの公式ＳＮＳに投稿され、記者室も大いに盛り上がった。この大谷の様子は、２００６年のＷＢＣでチームに力を与えて初優勝に導いたイチローを想起させた[※5]。

米国に先制されてもはね返した日本の力強さは、この時の大谷の言葉から生まれたと思う。そして開幕戦で日本の先発投手として１球目を投げた大谷は、決勝戦では優勝を決める最後の１球を投げ込んでみせた。

チームメイトに伝えたかったことは何か。大谷は優勝会見でこう語っている。

「僕らは知らず知らずのうちにというか、アメリカの野球に対してかなりリスペクトというか、そういう気持ちを持っていますし、ただでさえ素晴らしい選手、ラインアップを見るだけで気持ちが、尊敬のまなざしが逆に弱気な気持ちに変わってしまうケースが多々ある中で、今日一日だけはそういう気持ちを忘れて、本当に対等な立場で必ず勝つんだという気持ちをみんなで出したいなと思っていました」

言わずもがな言葉で引っ張るタイプではない。だからこそ、大谷の言葉には重みがあった。

振り返れば、1章でも触れた2023年1月のWBC日本代表先行発表会見では、こんなこともあった。大谷は栗山英樹監督について「本人を目の前に本当に申し訳ないけど」と前置きした上で、「おそらく誰が監督でも出たいなという気持ちは前向きだったと思うので。そこはおそらく変わることはなかった」と語った。質問者は「栗山監督だからこそ……」なんてコメントを期待していたと思うが、大谷は忖度なしに自身の気持ちを素直に語った。忖度のない言葉は人の心に響いた。

だが、決勝戦後の会見では「(日本ハム時代の)日本一にも16年になりましたけど、こういう形で(栗山監督と)また一緒に野球をするとは正直思っていなかったので。本当にいい経験をさせてもらいましたし、最終的に最高の形で終わることができて、自分にとっても素晴らしい経験でした」と続けた。日本ハムや花巻東高の元チームメイトから度々評される「人に興味がない」という本質的な人間性は変わらないようだが、日本代表の一員として仲間と成し遂げた世界一の味は格別だったようだ。

メジャーの海外市場開拓戦略の一環として、野球の魅力を世界に広める目的で始まったWBC。ハッキリと口には出さずとも、大谷には「大会の顔」としての自覚があった。だからこそ、大会中は限られた時間の中で積極的にメディアに話すことを意識したのかもしれない。

その甲斐あってか、SNSでも大谷の注目度は急上昇した。同年2月末に約180万人だったインスタグラムのフォロワー数が、WBC期間中に300万人近く増加。その後、MLB選手としては初の500万人超えとなり、2025年1月には880万人となった。かねてから日米ともに競技人口の減少や人気の低下が課題となっている野球について「自分がそれ（人気復活）に貢献したい」と言ってきた大谷。WBCでの大谷の活躍は、人々の野球への関心を間違いなく高めた。

大谷が中国戦後のヒーローインタビューで、未発表だった「翌日の韓国戦のダルビッシュの先発を明かした」ことは先に触れたが、その翌年10月、パドレスとの地区シリーズ第5戦前日会見でも同じような発言をした※6。

「明日は個人的に、(山本)由伸と(ダルビッシュが)投げ合いますし、楽しみにしてますし、どういうピッチングをされるのかなってプレッシャーもあると思いますが、個人的にすごく楽しみにしてます」

勝てばリーグ優勝決定シリーズに進出、負ければ今季が終了する大一番。もうすでに先発投手は発表されていると思っていたのか、もしくは明かしても問題ないと思ったのか。ダルビッシュの登板日、自身の救援登板の可能性、そして山本の登板日を明かしたこれらの件は、いずれも「うっかり言ってしまった」発言ではないと私は推測している。

普段は秘密主義でも、野球界のためと感じたここ一番では、あえてファンを意識したコメントを残す大谷。WBCの顔、メジャーの顔としてメディア対応でもしっかり役目を果たしている。

※1：勝利したチームの殊勲選手に試合後のグラウンドで行うインタビュー
※2：3月6日の阪神との強化試合後のヒーローインタビュー
※3：3月12日のオーストラリア戦後のミックスゾーンでの発言
※4：DH（指名打者）は投手に代わって打席に入るため、投手として試合に出るならばDHにはなれない
※5：イチローの声出しは2006年第1回WBCの2次ラウンド米国戦
※6：2024年10月10日のサンディエゴ・パドレスとの地区シリーズ第5戦の前日会見

Dodgers

7章

ユーモアとツンデレ

質問

直球の握りを見せてくれませんか?

ツンデレな記者イジり

大谷は普段は少しシャイだが、ユーモアに溢れている。

時には番記者をイジって「ツンデレ」な態度を取るのも大谷らしさだ。いや、この「ツンデレ」な感じが野球ファン以外にもファンを増やしている要因のひとつではないだろうか。

大谷の「記者イジり」の歴史は長い。メジャーでの囲み取材時の記者の数がどれほど多いかを知っている人は驚くだろうが、日本ハム時代は今よりも記者との「距離」がずっと近く、それが顕著に見られた。前述したように1対1の取材は禁止されていたが、常に遠慮がちなベテランのスキンヘッドの記者を見つけては「日焼けしないですか?」とイジったり、質問に躊躇する女性記者を見つけては「今日も勇気が出なかったですね」と笑って話しかけていた。

大谷に直接尋ねたことはないが、よく人を見ているのだろう。

いわゆる「大谷担当」の記者たちは、日本ハム時代もメジャー移籍後も全員が大谷より年上だ。そこまで深く考えているかどうかは定かではないが、大谷は「この人はイジっていいかどうか」を直感的に捉えているように見える。

私の記憶にある限り、9歳年上の私が大谷に最初にイジられたのは2014年のオールスター戦直前のスポニチ単独インタビュー。札幌ドーム内の会議室だった。

柳原「直球の握りを見せていただきたいのですが」

大谷「2本（人さし指と中指）より3本の指で投げる方が速くないですか？」

人さし指と中指と薬指の3本でボールをつかみ、これぞ「ニヤリ」という笑顔を見せた。「いやいや、違うでしょ！」と私がツッコむと、再びイタズラっぽく笑った。

エンゼルス移籍後3年目のオフ、2020年11月初旬。コロナ禍で単独インタビューはオンラインだったが、画面越しでも記者イジりは健在だった。

大谷はインタビュー開始前から「なんでいつも（スポニチの）代表なんですか？」と聞いてきた。「なんでって、そりゃ、担当なので……」とたじろいでしまったが、そういうツッコミはいつものことだ。「（記者の顔が画面に）近い、近い！」と大笑いしていたが、こういう柔らかい表情はオフならでは。9歳年下からどれほどイジられても、会社の代表として大谷の取材を担当させてもらえることに感謝の念は尽きない。

コロナ禍で無観客開催だった2020年は当然、報道陣への取材規制も厳しかった。感染拡大が激しくなり、米アリゾナ州で春季キャンプ取材中だった私も途中帰国を余儀なくされ、その後の取材は全てオンラインになった。クラブハウスの雰囲気などを直に味わえないもどかしさを感じたシーズンだった。

そんな異例のシーズン中、私が最後の質問を任されたオンライン会見時に、大谷が「ちゃんと締められるんですか?」と爆笑したことがあった。どうしても物理的な距離を感じてしまう取材が続く中、その時の大谷のイジりは、久しぶりに「囲み取材」の和気あいあいとした雰囲気を思い出させてくれた。

「今までで一番いい仕事をした」と言われた

コロナ禍が明けて再び渡米できるようになったときは、また現場で取材できることがひとりの記者としてこの上ない喜びだった。

私は渡米する度に「また来ました、よろしくお願いします」とチームのスタッフや選手たちに挨拶する。ある時、大谷に、日本土産として成田空港で購入した東京ばな奈とカルビープラスがコラボした進化系ポテトチップス「じゃがボルダ」(鰹と昆布のうまみだし味)を渡したことがある。限定販売の代物をたまたま成田空港で見かけて「これは」と思い、手土産に選んだ。関係者から、「人生で食べたポテトチップスで一番おいしかったらしいです。〝柳原さんが今までで一番いい仕事をした〟って言っていましたよ」と聞き、なんとも複雑な気持ちになったが、それも大谷らしい感謝のイジりだと受け止めた。

記憶に新しい2024年のポストシーズンでも、大谷は変わらなかった。リーグ優勝の歓喜のシャンパンファイトの匂いが残るクラブハウスは100人以上の報道陣でごった返していた。私がスマートフォンの取材メモを見ながら群衆をかき分けていると突然、左の臀部をグーで殴られたような衝撃を感じた。「痛っ!」と後ろを振り返ると、そこにいた記者は「俺じゃない」と言う。さっと前方に視線を戻すと、私の横を追い越していった大谷がイタズラっぽい笑みを浮かべながらこちらを見ていた。

ポストシーズンは注目度が段違いで緊迫した試合が続く。そんな中で発動された大谷の「記者イジり」。日々緊張している記者を和ますためなのかどうかはわからないが、大谷自身には緊張している様子はみじんも見られなかった。むしろ、こういう状況を楽しめている心理状態か。そういうところも大谷の驚異的な勝負強さの要因のひとつなのかもしれない。

チームメイトもイジる

大谷のイジりの対象は報道陣だけではない。日本ハム時代は1学年上の上沢直之、2学年上の有原航平（ともに福岡ソフトバンクホークス）をよくイジっていた。

あるトークショーでは自身への質問を上沢に振って困らせ、「だからお前はクソガキって言われるんだよ」と先輩から突っ込まれていた。2歳年上の有原も、なぜか大谷からよくイジられていたので「いつか有原が怒るんじゃないか」と心配する同僚もいたが、いつも二人の笑い声が響いていた。2016年夏、有原が自身の投球に腹を立て、降板後にベンチ裏の壁を蹴り上げて穴を開けてしまったことがあった。それがスポニチの記事になった後日、大谷は「読みましたよ」と私に笑いかけた。自らの記事に関心が薄い大谷が、チームメイトの記事を読んでいたことに少し驚かされた。

ドジャース移籍後は同僚の山本由伸との距離感も絶妙だ。左肩を脱臼した2024年

10月26日のワールドシリーズ第2戦後には自身のインスタグラムを更新し、マウンドで雄叫びをあげる山本の写真の横にライオンの赤ちゃんがあくびをする写真を並べた画像などを投稿して山本の快投を称えた。自身が肩を脱臼した直後の投稿だったこともあり、大谷の山本イジり投稿にファンからも安堵のコメントが相次いだ。その1週間後にドジャースタジアムで行われたワールドシリーズ優勝報告会では、大谷は自身のスピーチ後に「由伸！」と指名し、逃げ回る山本をイジる余裕も見せた。

野球に全てを注ぐ世界最強の男も、グラウンドを離れればどこにでもいる30歳の若者に見えることがある。番記者だからこそ見える大谷の素顔。それを記事や投稿を通して、少しでも多くの方々に伝えたいと思っている。

8章

数字とうまく付き合う

質問

個人成績をどのくらい気にしていますか？

根拠のない答えは口にしない

来年は○本塁打を打つ、○勝する――。シーズンオフになると、翌年に向けて具体的な数字の目標を公言する選手がいる。公言する理由は自らにプレッシャーをかける狙いもあれば、メディアやファンへのサービスなどさまざまな意味合いがあるだろう。

一方で、具体的な数字を明かさない選手も多い。大谷はその代表例で、これまで具体的な数字の目標に対して基本的に口を閉ざしてきた。

目標を言わない理由は、言えば新聞やインターネット記事ですぐ「見出し」になるからなどが考えられるが、それ以上に強く感じるのは「根拠のない答えは口にしたくない」という大谷の固い信念だ。

たとえば、エンゼルスに移籍した1年目の2018年シーズン後のスポニチ単独インタビュー。私が大谷に「2019年の目標」を問うと、「量（打席数）がわからない。いつ復帰できるかもわからないし」という答えが返ってきた。

2019年は右肘の手術明けでプロ入り後、初めて打者に専念するシーズンだったが、大谷はこう続けた。

「今年（2018年）は（打順は）3、5（番）が多かったですけど、そこの地位を確立することが、まずやっぱり絶対的な量を確保することにつながる。量（打席数）が確保できれば、目標が立てられる」

つまり、復帰時期が明確ではないので目標は立てようがない、ということだった。

また、2019年11月にエンゼルスタジアムで行われたスポニチ単独インタビューでは、2年ぶりに二刀流復活を目指す翌年（2020年）の目標について、「まずは自分が望んでいるパフォーマンスが出せるかどうかが一番。結果よりもそこが一番、最初は大事かなと思います」と答えている。2018年秋の右肘手術から投手復帰1年目のシーズンとあってイニング数や球数の制限、コンディショニングによっては登板間隔が大きくあくときもあるからだろう。やはり、具体的な目標は立てられないようだった。

明確な目標ならば公言する

「根拠のない答えは口にしたくない」という信念を持つ大谷だが、有言実行の例もある。

大谷は花巻東高時代に書いた「目標達成シート」の中心に「160キロ」と記し、見事にその球速で投げる投手になった。

日本ハム時代の2016年には栗山監督に「何でもいいから俺に手紙を書いて」と言われると、文章の一節に「今年、日本一になります」としたためた。同年、その目標が実現。明確な目標を公言することは、大谷にとって大きな指針になっているようだった。

打者に専念した2019年、二刀流復活を目指した2020年はコロナ禍で60試合制の短縮シーズンとなり、2年連続で個人目標を立てられないシーズンが続いた。チームの勝利はもちろんだが、シーズン中に具体的な個人目標を見出せるのか。それこそが大谷の成績を左右する大きな鍵だった。

そして公言こそしなかったが、ようやく腰を据えて目標を立てられるようになったのが、球数やイニングの制限なく本格的に二刀流に復帰した2021年だった。登板前日と翌日の休養日を撤廃し、「9勝&46本塁打」という堂々たる結果を出し満票でア・リーグMVPに輝いた。

コロナ禍でオンライン会見となった2021年9月26日のマリナーズ戦後にはMVP争いについて、大谷はこう語っていた。

「まずは最後まで健康で終わりたいなっていうのが一番かなと思うので。あとは〝自分の評価は自分でしない〟っていうふうに決めているので。高く評価してもらえるならそれは光栄なことだなと思っています」

全米野球記者協会（BBWAA）による投票※1で決まるMVPは、本塁打や打点のように積み上げるものでもなければ、打率のように日々上がり下がりするようなものでもない。「自分の評価は自分でしない」から慢心もない。これだけプレッシャーのある状況下で「変えられるもの」だけに集中する姿には感銘すら覚えた。

想定を上回る無関心さ

繰り返しになるが、大谷の活躍は目覚ましい。2022年は投打で「ダブル規定到達」という前人未到の快挙。2023年は「10勝&44本塁打」で2度目の満票MVP。2024年は史上初の「50-50」など歴史的なパフォーマンスを見せ、DH専任選手初のMVPを3度目の満票で飾った。

特に2024年は、個人成績を度外視してプレーしている印象が強かった。7月には日本人選手ではイチロー、松井秀喜に次ぐ3人目のメジャー通算500打点に到達する27号2ラン本塁打を放った※2。しかし、その試合後の囲み取材での大谷の「無関心さ」は私の想定を上回った。

柳原「今年は3冠王を狙える数字だと思います。以前に今季は自分の数字はあまり気にせず、チームの成績を気にしているとおっしゃっていましたが、今はどのくらい気にしていますか？」

大谷「自分の成績ですか？　もちろん良い成績を残せたら良いかなとは思ってますけど、実際に自分がどのくらいの数字なのかまだ把握してないので、あんまり自分の中でぱっと思い浮かぶ感じではないかな。他の人と比べてとかってことはないかなと思います」

自分の個人成績を知らないプロ野球選手なんていないだろう……と思ったが、大谷はいたって真剣な表情だ。どうやら、本当に数字をわかっていないらしい。

当時、チームは86試合目。出場83試合目で打率3割2分、27本塁打はナ・リーグトップで、打点も同トップに4打点差の64打点で3位。しかし「自分がどのくらいの数字なのかまだ把握してない」と語った真っすぐな眼差しは嘘偽りがないように見えた。

46号ソロを放った9月8日のクリーブランド・ガーディアンズ戦後に、「(エンゼルスからドジャースに)チームが替わっているので、あまり今年は自分の数字は気にする余裕がない」と語ったこともあったが、きっとこれも本音だろう。

そして迎えた9月29日は、4安打以上を記録すれば、「メジャーリーグで12年ぶりの3冠王」になる可能性もあったレギュラーシーズン最終戦だった※3。その試合後に、大谷は「それ(3冠王)はあまり考えていなかった。(打率1位のパドレスのアラエスと打率で)どれくらいの差があるのかも、よくわかっていない」と話した。

世界中のファンからこれほど注目を浴び、3冠王にあと一歩という選手が、である。「嘘だろう」と思われるような回答だが、これこそ大谷だ。3冠王のように他の選手の成績に左右される「変えられないもの」ではなく、常に先の塁を狙う全力疾走や、状況に応じた打撃など、自分の意思で「変えられるもの」に集中している選手なのだ。

振り返れば、大谷が日本ハムでプレーしていた頃、栗山英樹監督は試合前の囲み取材などでよく「学生野球の父」飛田穂洲《とびたすいしゅう》の言葉を引用して「野球とは〝無私道〟なり。いかに〝私〟をなくして、他人のために尽くすことができるか」と話していた。この精神は大谷にもきっと受け継がれている。

チームの世界一に集中し、「私」をなくして、最後の最後まで無欲で前に進み続けた大谷。「人は欲の塊」と言われるように、欲を心の中から取り除くことは簡単ではない。だからこそ、人々は大谷に憧れるのかもしれない。

※1：全米野球記者協会（The Baseball Writers Association of America／略称BBWAA）は1908年に設立されたアメリカの団体。メジャーリーグにおける最優秀選手（MVP）、サイ・ヤング賞、最優秀新人選手、最優秀監督を投票により選出している

※2：2024年7月2日ダイヤモンドバックス戦で大谷はメジャー通算500打点（実際は501打点）に到達する27号2ランを放った

※3：2024年9月29日コロラド・ロッキーズ戦

9章

実体験こそが本当の価値

質問

悔しい登板となった山本投手にどんな言葉をかけましたか？

大谷にクギをさされた取材

スポーツ紙記者の基本動作の中に、取材対象者の家族や同級生、関係者への取材がある。節度を持った取材が求められるが、私は日本ハム時代の大谷に「僕の同級生を取材しすぎですよ」とクギをさされて、深く反省した過去がある。

その後は大谷の同級生への取材を自重した一方で、私は次第に同級生たちの人生も応援するようになっていった。彼らが皆19歳だった頃から取材していたので各自への思い入れも自然に強くなり、いつしか大谷に関する取材とは関係なく連絡を取るようになった。

そんな大谷の同級生のひとりが、花巻東高野球部で大谷に次ぐ2番手の投手だった小原大樹さんだ。大谷のプロ2年目だった2014年の自主トレ公開日に会い、私から声をかけた。なぜか妙にウマが合い、今でも付き合いが続いている。

小原さんは花巻東高を卒業後、慶大を経て日本製紙石巻に入社したが3年目に退社。翌2020年には米球界挑戦を志して渡米した。同年2月、米アリゾナ州を拠点にトレーニングに励みながら、複数のメジャー球団の入団テストを受けるために準備を続けていた。

この大きな決断を下すにあたり、小原さんは事前に同校の3学年先輩である菊池雄星、そして大谷の順に相談した。この時のやり取りを小原さんから聞き、非常に興味深いと思った。二人の大リーガーの意見がかなり異なっていたからだ。

「高校の監督(佐々木洋氏)を通じて雄星さんに連絡がいっていました。雄星さんに〝米国に挑戦しようと思っています。ボール、マウンド、相手打者、環境などをお聞きしたい〟とお伝えすると、〝その話は聞いています。どこかで会って話をしましょう〟とすぐに返答がきました。都内でお会いしてさまざまなアドバイスをもらい、〝勇気ある挑戦を少しでもできる範囲でバックアップさせてほしい〟と、ありがたいお言葉をいただきました。その言葉のお陰でモノクロだった挑戦が少しずつ色づいたというか、カラーになりました。そこで僕は翔平に連絡しました」

需要があるかではなく、需要になる

小原さんは大谷に「アメリカ行くわ（笑）」と無料通信アプリでメッセージを送った。すると「何をしに？（笑）」とすぐに返事が返ってきたという。最初は大谷も半信半疑だったようだが、小原さんの本気度を感じるとメッセージのやり取りは徐々に熱を帯びていったそうだ。

小原さんは「僕クラスの投手が打者・大谷にはどういうふうに見えるか？」を知りたかった。そこで大谷に、「（自分は）これくらいの球速が出て、こういう投球しているんだけど、どう？」とメッセージを送信。すると、大谷からこんな返事がきたという。

「そもそも通用するかしないか、需要があるかないかじゃない。自分自身のスタイルを需要にできるように頑張るんじゃないの？　結果が出れば、それが需要として必要とされる。需要があるかじゃなくて、需要になるようにするべきだと思う」

高校時代にともに汗を流した仲間からのこのメッセージは、小原さんの心に深く突き刺さった。

「同期だからこそ強く言われているように感じるんですけど、だからこそ変に飾らず、本音で接してくれている気がしました。翔平は先入観を持たずにトライして得たことを実体験として取り入れる。やるのは自分なので、自分自身の実体験こそが本当の価値、感覚だという考えです。〝先入観にとらわれないで、自分自身がこれどうかなと試行錯誤を繰り返してその場、その場でやっていく方が絶対プラスになると思うから〟とも言われました」

先入観によって、できることができなくなることもある。自分自身の実体験こそが本当の価値。大谷の思考や信念が端的に表れたエピソードだ。

小原さんはこうも話してくれた。「翔平に〝(米リーグの)ボールは滑るの?〟とも聞いたんですけど、〝それも全部、自分で感じた方がいい。もしかしたら、俺は滑るけど、お前は滑らないかもしれない。手の湿度とかも人によって違う。感覚自体も本当に自分でやってみなきゃわからないところだから。俺から聞いたからどうとか、そういうのはやめた方がいい〟という返事が返ってきました」

菊池と大谷。どちらの考えも正しく、良い悪いはないだろう。両選手の揺るぎない信念、覚悟、野球に真摯に向き合う姿勢は同じだと小原さんは確信した。

「たくさん自分の経験を惜しみなく教えてくださる雄星さんと、自分自身の経験を信じろという翔平。どちらの意見もすごく勉強になる。僕はその両方を吸収させてもらって、自分はこう感じるという発想になれる。世界のトップクラスで活躍する先輩と同級生が身近にいる僕だからこそ得ることができる価値観、考え方。本当に恵まれているなと感じました」

小原さんはその後、アリゾナ・ダイヤモンドバックスなど3球団のテストを受けたが不合格に。帰国後は四国アイランドリーグplusの徳島インディゴソックスでプレーし、2021年5月に現役を引退した。

特に気にかけないが、少しだけ気にかける

大谷の「自分自身の実体験こそが本当の価値」という思考を私が再び思い起こしたのは2024年、大谷と同じロッカールームに山本由伸の姿を見たときだ。メジャー7年目にして初めて同じ球団に日本人選手の後輩が在籍することになったが、4歳下の山本にも手取り足取りで自身の経験を伝えるようなことはなかった。

2024年2月9日のキャンプ初日の囲み取材。山本の存在について質問された大谷は、「日本人だからとか関係なく全員がチームメイト」と突き放したかと思えば、「ロッカーも隣なので話す機会は多くなる。わからないことがあれば、僕の方が知っている部分はあると思うので、そこは一緒にやっていければ」と話した。

大谷はオープン戦初出場で初アーチをかけた試合[※1]の翌日、山本のオープン戦初登板・初先発の試合に駆けつけた。米アリゾナ州グレンデールのキャンプ施設で約40分間のトレーニングメニューをこなすと、自身は欠場の試合であるにもかかわらず自ら車で30分ほど離れたレンジャーズのキャンプ地へ直行。山本の登板直前のブルペン投球を見守ってから、ハイタッチで試合に送り出した。

試合を中継したスポーツ専門局「スポーツネットLA」のリポーターが、球場に到着した大谷に来た理由を質問すると、「今日は彼（山本）の大切なデビュー戦だったので、どうしても近くでサポートしたかった」と答え、そのために練習を早めに切り上げたと話した。

ところが後日の囲み取材で、ある記者が「山本投手がチームに馴染むようにしたいと話していましたが、初登板に駆けつけたように（山本を）気にかけていますか？」と質問すると、「気にはかけてないですね」と突き放すように言い放ち、笑った。

「（山本は）プロフェッショナルですし、どこにいてもやることをしっかりやる選手だと思うので。周りのサポートもありますし。同じフィールドで過ごす日本人、日本語でお互いに気軽に喋られるので多少、特別なのかなと思います」

日本人だからではなく、「日本語が話せるドジャースのチームメイト」として、できるだけ他の選手と同じように見ようとしているようだった。

それから約8カ月後、ポストシーズン地区シリーズ初戦後の大谷の会見※2。その日、最後の質問者に指名された私は、登板して3回5失点という結果だった山本へ何か言葉をかけたのかを知りたくて、こう問いかけた。

「山本投手にとっては悔しい登板になりましたが、次に向けてどんな言葉をかけましたか？」

すると大谷は「けっこう、落ち込んでいたので……勝ってよかったな、と（声をかけた）。フフフ」とイタズラっぽく笑った。そして「（ポストシーズンは）僕も初めてで、由伸も初めて。次は素晴らしいピッチングができるんじゃないかと思う」と言葉を続けた。「勝ってよかったな」は大谷らしい山本への愛のイジりだと私は受け止めた。

世界一になるまで駆け抜けた2024年。大谷の隣にいた山本の成長を通して、大谷には「自分自身の実体験こそが本当の価値」という信念があることが、私にもはっきりと見てとれた。

※1：2024年2月27日、春季キャンプのオープン戦で大谷は初出場で初本塁打を打った

※2：2024年10月5日のサンディエゴ・パドレス戦後の会見

10章

胸に秘めた使命感

質問

慈善活動に関する今後のプランは？

夢や元気を与えようとは考えていない

昨今の大谷の活躍はスポーツニュースに留まらず、朝や昼の情報番組などでも報道されている。野球の人気や競技人口の低下が叫ばれる中、大谷の野球界への貢献度は計り知れないものがある。

少年野球チームのコーチをしている私の友人は「大谷選手の活躍以降、野球を始める子が確実に増えた」と話しており、ショッピングモールや玩具店ではＭＬＢグッズが陳列されているのを見かけることが増えた。街中でもドジャースに限らず、メジャー球団の帽子やＴシャツを身に着けている大人や子どもを多く目にするようになった。

2歳の私の娘でさえ野球選手をテレビで見ると「オオタニサン」と叫ぶし、野球に関心が薄かった70代に突入した私の母親は2024年シーズンに初めてロサンゼルスまでやって来て2試合も現地観戦し、大喜びしていた。

この人気を大谷本人はどう捉え、自身が社会に与える影響をどう考えているのだろうか。

2020年、エンゼルス3年目のオフに行われたスポニチ単独オンライン・インタビュー※1で、私は大谷に慈善活動への関心について尋ねてみた。

柳原「メジャーリーガーは地域や子どもたちに対しての慈善活動などに熱心ですが、大谷選手自身は今後、慈善活動を行うプランはありますか?」

大谷「けっこう前からいろいろと話をしています。(対象は)なるべく自分も関心があるものがいいので、やっていけたらなとは思っています」

柳原　「取材に行きます」

大谷　「柳原さんはダメですね、ハハハ（笑）」

その3年後、大谷は日本全国の小学校に3つずつグローブを寄贈すると発表。私の想像をはるかに超えるスケールの大きさに驚かされた。

また、大谷はこのような発言をしたこともある。2021年11月15日、MVPの発表を4日後に控えた日本記者クラブでの会見だった。

「プレーする側としては、夢を与えようとか、元気を与えようみたいなものは全く考えていないので。そう受け取ってもらえたら嬉しいかなと思って毎日頑張っていますし。そう受け取ってくれるのは、その人がそういう感覚を持っているからなので。純粋な感覚があるならそれはそれで素晴らしいことですし。野球やってる子は、特に上手い選手を目標に頑張ると思うので、僕自身がそれに値するようなというか、目指されても問題ないような人間として今後も頑張っていきたいなと思っていますし。そうなるように子どもたちのことも応援しています」

「夢を与えようとか、元気を与えようみたいなものは全く考えていない」——大谷の「自分が変えられるもの」だけに集中する思考は、ここにも強く表れている。自分以外の人間の気持ちは変えられないし、そもそも変えようと思っていない。だから、こういう発言になるのだろう。

自分以外の人間の気持ちは真の意味ではわからない

2023年1月、WBCを約2カ月後に控えた侍ジャパンの日本代表先行発表会見（1章、6章参照）で栗山監督は「日本の野球をやりきって勝ちきる。少しでも元気や勇気を届けられるように、必ずや世界一になって。どうかよろしくお願いします」と話した。この「元気や勇気」という言葉の使い方こそ最も一般的で、多くの人の胸にも響くものがあるだろう。

ただ、大谷は違った。3月にWBCで侍ジャパンが世界一に輝き、4月に日本政府から紫綬褒章を受章した際、ある記者から「WBCの優勝で日本に感動を与えたことを評価されたと思うが、それについてご感想を伺いたい」と聞かれ、大谷は次のように話した。

「チームとして頂けるというのはすごく光栄なことだと思っていますし、〝本当にそうだと思ってくれた人がたくさんいるなら嬉しい〟ことではあるので。個人的にはシーズンに入ってますし、終わったところはまだ振り返らずに、とりあえず今シーズン、まだまだ野球ができるので、まずはそこに集中したいと思います」

栗山監督と大谷の談話が出たのは同じタイミングではないとはいえ、二人の発言の印象は大きく異なる。「優勝して元気や勇気を届けられて嬉しい」ではなく、「本当にそうだと思ってくれた人がたくさんいるなら嬉しい」と言った大谷。自ら相手の気持ちや受け取り方を断定しない。「自分以外の人間の気持ちは、真の意味ではわからない」という、大谷の信念が感じられる言葉だった。

震災のことは語らない

大谷は故郷・東北を襲った2011年3月の東日本大震災に関して、過去も現在も多くを語らない。

2017年3月11日。当時、日本ハムでプレーしていた大谷は2軍本拠地の千葉・鎌ケ谷スタジアムで行われたイースタン春季教育リーグの楽天戦で初回に中前適時打を放つと、3回には右中間に2ラン本塁打を放った。その日は、東日本大震災からちょうど6年を迎えた日だった。試合後、大谷は「6年が経ちましたし、個人としても、もう一回頑張っていきたい」と新たな決意を口にした。

当事者でありながら、言葉数は多くなかった。その理由について、栗山監督は胸中を「あいつは震災でチームメイトが苦しんだのを見ている。気軽には話せない。あいつが語らないのはわかる」と代弁した。

スポーツ記者に限らず報道の仕事のひとつに「何か」が起こった際に、その「何か」に縁のある人物にコメントを求めることがある。その「何か」はたとえば結婚やタイトル獲得、メジャー挑戦のようなポジティブなこともあれば、台風、地震などの自然災害や訃報などネガティブなこともある。

エンゼルス移籍後の大谷は、震災関連のコメントをしばらく出さなかった。取材のタイミングが合わなかったこともあるが、関係者伝いで「(野球と)こじつけてほしくない」と言っていたと聞いたこともあった。自分のプレーで災害に苦しむ人々に元気を与えたい——。そんな言葉を簡単に口に出すことはできないと感じていたようだ。

だが、これまでスポーツが復興を目指す被災地の希望になった例はいくつもある。阪神・淡路大震災後のオリックスブルーウェーブ(現バファローズ)の優勝、東日本大震災後の女子サッカー日本代表のワールドカップ優勝、楽天ゴールデンイーグルスの優勝など、どれも人々に勇気や希望を与えた。勝利を目指してがむしゃらにプレーする選手の姿に人々は感動し、それが未来への活力となった。MLBの大物代理人のスコット・ボラス氏もニューヨーク・タイムズ紙で真珠湾攻撃や米中枢同時テロ後にメジャーが果たした心理的な役割に触れ、「野球は何度もわが国を立ち直らせてきた」と主張したこともある。

一方、大谷のように「それ」と自身のプレーは別だと考えている選手もいる。全身全霊でプレーし、それが結果として人々に夢や希望を与えられればいいが、決して表面的なことだけでは済まされないという葛藤があるのだろう。

胸に秘めた使命感

そんな中、エンゼル移籍4年目の2021年3月10日（日本時間11日）。東日本大震災から10年という節目を迎え、大谷が球団を通じて寄せたコメントは強く印象に残った。

「東日本大震災から10年。月日とともに薄れていくことも多い中で、忘れてはいけないこと、忘れられないことも多いかと思います。自分自身できることは微力ではあると思いますが、少しでも被災地の力になれるようにまだまだ頑張っていきたいと思っています」

震災当時、花巻東高の1年生だった大谷は同校グラウンドでの練習中に被災した。水沢市（現奥州市）にある実家や学校は内陸にあるため津波の被害こそ免れたが、学校は強い地震で校舎の一部が損傷。沿岸出身の部員6人が津波で実家を失い、身内を亡くした者もいた。野球を続けるのも困難な状況で仲間とともに戦い抜いた3年間だった。

大谷が語った「忘れてはいけないこと」「忘れられないこと」とは何か。

同校で大谷とチームメイトだった小原大樹さんは「忘れてはいけないのは、今の日常を過ごせることがいかにありがたいか。忘れられないのは、被災地のために甲子園で勇気づけるんだという使命感でプレーしたことかもしれない」と話してくれたが、大谷も同じような気持ちだったのだろうか。

当時、大谷は二刀流で全国区になりつつあった。震災後の夏の甲子園では初戦で敗れたが、2年生エースとして最速150キロを計測。打っても左翼フェンス直撃の2点適時打でプロのスカウトを驚かせたが、印象的だったのは試合後に「被災地のためにも勝ち上がりたかった」と号泣した姿だった。

メジャーリーガーとなり、ワールドシリーズ制覇という夢を叶え、2025年でメジャー8年目を迎える。決して口には出さないが、今年も大谷は被災地に夢と希望を届ける使命感を胸の中に秘めているのだろう。

※1：2020年11月6日、スポニチ単独オンライン・インタビュー

11章

結婚

質問

将来的に子どもをイメージしていますか？

青天のへきれきだった結婚発表

エンゼルスに移籍して3年目のオフに実現したスポニチ単独オンライン・インタビュー※1で、私は大谷に結婚に関する質問を投げかけた。「シーズン中にはプライベートに関する質問はできるだけしない」という暗黙の了解のようなものがあるため、こういう質問はオフでしかできない。

柳原　「高校時代に書いた人生設計シートに、〝26歳で結婚、WS制覇〟という目標を掲げていましたが、今はどう思っていますか？」

大谷　「計画は変わるものなので。高校の時に思い描いた26歳はだいぶ大人だなってい うか、おじさんだなっていう感じだったので、結婚を考えるのかなと思いましたけど、実際に自分がなってみると全然子どもだなって。まだまだそういう責任は取れないなと思いますけどね。(予定は)あったらいいですけどね」

大谷はいつ、子どもから大人へと変貌を遂げたのだろうか。もちろん野球選手としてではなく、人として。

大谷結婚のニュースはまさに青天のへきれきだった。

大谷が自身のインスタグラムを更新したのは、日本時間2024年2月29日午後4時26分。春キャンプ取材中で滞在先の米アリゾナ州は日付が変わり、現地時間は4年に1度しかない「うるう年」、29日の午前0時26分だった。

「本日は皆さまに結婚いたしました事をご報告させていただきます」――。

私は滞在先のホテルで原稿を書いている真っ最中だった。その日は、大谷と同僚になった山本由伸がオープン戦で初登板して快投※2。出場予定がなかったにもかかわらず、敵地の球場へ駆けつけた大谷が「まずまずだな」と山本に声をかけた様子などを原稿にするべく、メモ帳を振り返りながらキーボードを叩いていた。

大谷の結婚発表は本人のインスタグラム投稿の通知で知った。発表された直後は関係各所からの電話やアプリの通知が鳴りやまなかった。山本の快投が中心だった紙面用の原稿の内容が一瞬にして180度変わって頭が真っ白になり、思わずベッドにダイブした。

徹夜決定でも嬉しかったニュース

徹夜が決定という規模の大ニュースの到来によって一瞬はショックで倒れたものの、こんなに感慨深く、嬉しいニュースはない。大谷が19歳の時から番記者として取材を始めて11年。日本ハム時代のリーグ優勝や日本一達成、メジャーでの2度のMVP受賞やWBCの優勝にも感動したが、結婚の知らせは格別だ。

この知らせを聞いて思い出したのは、前述の単独インタビューだった。大谷に結婚観を尋ねたときに、「柳原さんに心配されなくても大丈夫なんで。遊んでばっかりいないで。ちゃんと僕の耳にも届いていますからね」と笑われた。

当時は私も独身だったが、その翌々年に結婚。長女も誕生したことを大谷に報告したら、「えーっ！　おめでとうございます！」と頭を下げて祝福してくれた。

日本ハム時代の大谷は女性と話す場面を見られるのも恥ずかしがっていたと聞いたことがある。そんな大谷が注目度が高い現役中に結婚を公表するとは意外だった。愛妻の意向もあったのかもしれないが、前年のオフに犬を飼い始めたときから、大谷の生活に変化を感じていたのは事実だ。長期の遠征が多い独身の大リーガーが自宅で犬を飼うのは、なかなかハードルが高い。犬を飼い始めたと知ったときは「私生活に何かあったのだろう」とは思っていた。

2024年2月のドジャース・ファン感謝イベントでは、当然「シーズン中の遠征時には、愛犬はどうするのか?・」という質問が投げられた。大谷は「(愛犬は遠征には)行かないと思う。物理的にも」と答えたが、その時にはすでに安心して世話を任せられる存在があったのかもしれない。

インスタグラムの文面には「明日の囲み取材で対応をさせていただきます」と書かれていた。頭が真っ白になったなんて言っていられない。急いで、かつ心を込めて原稿を書き上げ、翌日に備えてベッドに入り直した。大谷はどんなことを話したいのか。どこまで公表するのか。根掘り葉掘り詳細を詰めるのが記者の仕事だが、そこは空気を読んで節度ある取材を心がけようと思った。

すでに夜は明けていたが、長い1日が待っていることは明白だった。

野球記者だけの結婚会見

わずかな睡眠を経て午前10時過ぎにドジャースの春季キャンプ地に到着。「結婚会見」を目当てに、すでに各社のカメラマンたちが集まっていた。

球団キャンプ施設内に入れるのは、アリゾナ春キャンプの取材許可証を持っている記者やリポーター、カメラマンらに限られる。この日はインスタグラムでの発表を受け、他球団のキャンプ地で取材する予定だった各社の人員がドジャースのキャンプ地に集結したため、通常よりも取材陣の数は多かった。しかし、徹夜級の大型ニュースになる大谷結婚会見に集まった取材陣はほぼ全員が野球担当者で、もちろんワイドショーのリポーターも週刊誌の芸能記者もいなかった。たとえ来たくても入れない状況――もしも、それも想定内だとしたら、大谷は律儀だなあと妙なところで感心してしまった。

野球記者から成る日本メディアが集まったドジャースのキャンプ地には当初、不穏な空気が流れた。

まず球団広報から「翔平の会見予定はない。何か変更があれば連絡する」と日本メディアに通達があった。大谷はインスタグラムでの結婚発表とともにこの日に取材対応をすると予告していたが、英文にはその文言が含まれていなかったためか、球団広報も正確な情報をつかめていないようだった。日本メディアが束になって球団広報に「囲み取材で対応」と書かれた箇所を英訳して説明した。

午後1時52分に大谷がキャンプ施設に到着。球団広報が大谷に会見を開く意思を確かめ、午後2時15分から屋外での囲み取材スタイルで開催することが通達された。まもなく始まるという連絡を受け、テレビカメラやスチールのカメラマンが我先にと走った。記者たちはその間をすり抜けて自分が立つ場所を確保するというドタバタの状況下で、日本中が注目していたと言っても過言でない大谷の結婚会見が始まった。

ところが、口火を切った米メディアは打席数や出場間隔など、野球に関する質問からスタート。その後、結婚に関する質問に移ってもぎこちなかった。あとでアメリカ人の番記者たちに聞いたところ、「通常、選手が結婚会見をすることはない。翔平は特別」と言っていたので、ベテラン記者も野球以外の質問には不慣れだったようだ。

ぎこちなさは日本メディアも同じだった。過去に芸能担当を経験したことがある記者はいても、今は全員が野球担当の記者。私も結婚会見の取材は初体験だった。野球記者も、選手のバックグラウンドを知るためにプライベートな質問をすることはあるが、それがメインではない。そこが芸能記者と大きく異なる点だろう。その上、前夜の発表からあまり時間が経っていなかったので事前情報がほとんどなく、会見前のドタバタ具合も重なって、何を聞いていいのか、どこまでプライベートなことに踏み込んでいいのか見当がつかなかった。

そんな空気を察したのか、大谷は「結婚の決め手」「なれ初め」など、野球記者たちが辿々しく（遠慮がちに）尋ねるプライベートな質問に対して、微妙に核心を外しながらも笑顔でよどみなく答えていった。

会見中、私は「聞く必要がある質問」を投げるタイミングを窺っていた。同月に公開された動画※3の中で、大谷は自身の人生設計について「結婚とか子どもも含めて、平穏に暮らしたいというか。心が平穏なのが何より。私生活ではそういうふうにありたいなと思う」などと語っていたことが頭から離れなかったからだ。

しかし「子ども」に関する質問はセンシティブだ。その認識は当然ある。だがシーズン中には選手にプライベートな質問はほぼできない野球記者にとって、この質問ができる機会はもう訪れないかもしれない。そう考えた私は、大谷に交際期間を尋ねてから、こんな質問を投げた。

柳原「交際期間はどれくらいでしょうか？」

大谷「どれくらいなんですかね。初めて会ったのが3、4年前。実際にどれくらいだったか。婚約したのは去年なので、まあ、それを指すなら去年って感じですかね」

柳原「別のインタビューで、将来的な子どもの話などをされていましたが、将来的な希望をイメージされていることはありますか？」

大谷「そうですね。もちろん、そうなればいいですけどね。自分以外のことは言うと叶わないような気がするので、あんまり言いたくない感じですかね」

センシティブな質問だったので、素っ気ない対応をされるか、「ノーコメント」と言われることも覚悟していたが、大谷の回答は私の想像を大きく超えるものだった。夫人への配慮がにじむ言葉に自然と心が温まった。迷ったが思い切って聞いてよかったと心の中で小さくうなずいた。

一方、私はSNS上で叩かれた。「結婚＝子ども」という安直な結びつけを批判され、子どもを授かることができない方々への配慮が足りないと言われた。もっともな意見でグウの音も出なかった。迷いながらとはいえ、公共の場でその質問をしたのは私なのだから。

叩かれて凹んでいた私に、会見に参加していた他社の記者が「聞き方を工夫して、配慮して質問しているのが伝わってきたよ」と声をかけてくれた。そう言われたことが唯一の救いになったが、あの時、どんな質問をするべきで、どんな質問をすべきではなかったのかは、今も私の中で正しい答えは出ていない。

SNSの声は気にしなくていいという意見も聞くが、世間の声を聞きながら反省や自問自答を繰り返すのも記者の仕事のひとつだと思っている。私が記者として成長するための貴重な声として、SNSの反応は日々の勉強材料になっている。

移籍して変わったのか？　結婚して変わったのか？

２０２４年のシーズン中は、知人や関係者から「大谷選手はドジャースに移ってから、よく話すようになったのでは？」と聞かれることが多かった。

確かに今季1号を放った4月3日のサンフランシスコ・ジャイアンツ戦後に「早く（本塁打を）打ちたいという気持ちだった」という言葉を聞いたときは驚いた。具体的に「本塁打を打ちたい」という言葉は、これまであまり聞いたことがなかったからだ。

大谷はドジャースに移籍して変わったのだろうか？　それとも、結婚して変わったのだろうか？

結婚会見（3月1日）の翌月、その疑問を試合前に開かれた囲み取材※4で投げてみた。通常、試合後の囲みでは「その試合の内容に関することを聞くこと」になっているので、試合前の囲みはグラウンド外のことも質問ができる貴重な機会だ。

柳原「自宅に帰れば真美子夫人と愛犬デコピンが待っている。大事にされている睡眠を含めて、自宅での過ごし方に変化はありますか？」

大谷「基本的な生活のリズムは変わっていないです。ギリギリまで寝て来る感じなので。基本的には変わっていないですけど、ここ数週間いろいろあったので、隣に誰かいるかどうかはだいぶ違う。そういう意味ではいてくれて良かったなと思うときはあったかと思います」

「ここ数週間いろいろあった」とは水原一平元通訳による違法賭博問題、銀行詐欺罪に関する対応など。隣の「誰か」とはもちろん真美子夫人、そして愛犬デコピンだ。「思う時はあったかと思います」という、どこか客観的な言い回しを含め、シャイな大谷らしい回答でありながらも、これまでには見せなかった素顔を垣間見せた瞬間でもあった。

前述の囲みと同じ4月、米東海岸への遠征に新婚の真美子夫人が同行せず、「寂しいですか？」という質問に、大谷はわざと意地悪そうな表情で「寂しいと言わせたいです」

と返して記者たちの笑いを誘った。プライベートな質問に対してユーモアのある返答を私が耳にしたのは、日本ハム時代以来だったかもしれない。そんな大谷を見るのは久しぶりで新鮮だった。

結婚後の大谷は、球場に通う際にTシャツの下にネックレス（鎖）をつけ、その鎖に指輪のようなものをぶら下げている。〝大谷番〟になってから11年間、大谷が時計以外の貴金属を身に着けている姿を見たことがなかった。首周りの装着はメーカーから支給された磁気ネックレスくらいで、それも短期間だった。指輪（らしいもの）をぶら下げたネックレスを着用していることは、間違いなく変化だ。

変化は寂しいことでも、何でもない。大谷が人生を歩んでいる証だ。囲み取材や会見で、個人成績よりもチームの勝利について語り続ける姿勢は変わらないが、その他の部分には少しずつ柔らかな変化が見え始めている。

※1：単独インタビュー 2020年11月

※2：2024年2月28日、山本由伸がオープン戦で初登板・初先発。2回1安打無失点3奪三振と好投。本書9章参照

※3：大谷がブランドアンバサダーを務める企業の動画

※4：2024年4月8日のツインズ戦の試合前の囲み取材

12章

愛犬の存在

質問

デコピンの名前の由来は何ですか？

一体、誰が飼っている犬なのか

２０２３年のシーズン、大谷は44本塁打を打って日本人選手初の本塁打王に輝き、投手としても10勝を挙げるという見事な成績を残した。その年のオフ、11月16日。シーズン中より少しふっくらした印象の顔つきでメジャーリーグ専門局「ＭＬＢネットワーク」によるＭＶＰ発表中継に登場した大谷の腕の中には、端正な雰囲気をまとった茶と白の毛色の犬が鎮座していた。

柔和な表情で犬とツーショットでソファに座る大谷。犬が大谷の腕をすり抜けようとすると「もうちょっとさ、頑張ろうよ」と甘い声で呼びかける場面などもあり、そんな様子に視聴者も画面に釘つけになったことだろう。少なくとも私は目にしている情報を瞬時に処理する能力が固まりそうになるほど驚いた。

メジャー史上初となった2度目の満票でア・リーグMVPの受賞が発表されると、大谷は自身の左手を犬に向け、犬の前足とハイタッチ。そして犬の頭にキスをして「個人的に、こうやって獲れて特別」と笑みを浮かべた。それを見ながら私は「今日の紙面は大変なことになるな」と、長い1日への心の準備を始めた。

メジャーリーグの公式サイトが「大谷の犬こそ真のMVP」と着目するほど犬が話題をさらった。日本の情報番組は大谷のMVP受賞のニュースとともに、この犬の話題一色だった。SNSや情報番組で、オランダ産の小型犬の一種である「コーイケルホンディエ」とすぐに特定された。

一体、誰が飼っている犬なのか。これが最大の疑問だった。大谷のアメリカの代理人であるネズ・バレロ氏の愛犬か、それとも代理人事務所CAAのスタッフの愛犬か。中継直後に予定されていた電話会見が回線トラブルで急遽中止になった後に、私も取材に奔走したが、最初は憶測の証言が多く、なかなか事実にたどり着けなかった。

そんな状況下、スポニチMLB取材班に対して、大谷に近い関係者が「最近、大谷選手自身が飼い出した」と証言。その後も取材を続け、その関係者の承認を得て翌17日付の新聞の1面で、「あの犬は大谷の愛犬」であることをMVP受賞と併せて単独報道した。愛犬か否かで大きな記事になるのは後にも先にも大谷くらいではないだろうか……。だが、まだ愛犬の名前はわからず、シーズン中に長期間の遠征がある大谷の不在時には「誰が愛犬の世話をするのか？」も大きな疑問として残った。この時、私はまだ大谷の私生活の変化を想像できていなかった。

幼い頃から犬が好き

大谷は幼い頃から犬とともに人生を歩んできた。1994年生まれで戌《いぬ》年であることが関係しているかはさておき、岩手県の実家では「エース」という名のゴールデンレトリバーを飼っていた。

この愛犬「エース」が、難航した日本ハムとの契約交渉の席で当時のGMに懐いて雰囲気を和ませ、入団の縁を結んだ逸話は有名だ（ちなみに大谷の母・加代子さんは「愛犬家に悪い人はいない」と語っていた）。また、日本ハム時代に1億円に達した年俸の使い道を問われた大谷が「小さな犬が欲しいが、飼えない」と漏らしたこともあった※1。

メジャー挑戦を表明した2017年の会見※2は、同年7月に亡くなった「エース」の誕生日で「犬にも感謝している」と語った。メジャー移籍後のエンゼルス時代は、2018年秋の右肘手術後に担当トレーナーの愛犬とじゃれ合って気落ちした心が自然と安らいだと語ったり、同僚の選手と選手の愛犬と一緒に食事に行ったこともあった。

だから、犬好きな大谷が犬を飼う決断をしたことにはすぐ納得できたし、犬を抱いた大谷の表情にはこちらまで癒やされた。

127日ぶりの取材対応

2023年12月14日。私はドジャースタジアムで開催されたドジャース入団会見のために渡米した。その年の8月9日以来、実に127日ぶりの取材対応だった。

入団会見では、決断の決め手はもちろん、スポーツ界史上最高の10年総額7億ドル（決定時約1015億円）の超大型契約、そのうちの97%である6億8000万ドル（同約986億円）を後払いにすることなど多くの経緯を確認しなければならない。頭の片隅で「愛犬とともにMVP発表中継に参加した経緯」も聞きたいとは思っていたが、それは会見の「流れ次第」だと感じていた。

また、野球記者以外の記者も集まる大きな会見の後には、番記者による囲み取材が用意されることもあるが、この日は「会見後の囲み取材なし」と事前に通達されていた。

会見場となったのは、ドジャースタジアムの客席裏にある「センターフィールド・プラザ」という屋外エリアで、約300人の報道陣が集結。報道受付の長い行列を通過後に「場所取り」がスタートしたが、なんとか4列目の席を確保できた。テレビカメラ、スチルカメラがそれぞれ60台以上セットされ、大谷も「嬉しく思うと同時に、報道陣の方しか今日はいないと聞いていたので、予想より多くて今はビックリしています」と驚いていた。

午後3時からの会見は挙手制で質疑応答がスタートした。会見は米記者から質問することになっており、この日もそうだったが、数人の米記者が質問し終わったところで「早めに手を挙げなければ、何も質問できずに終わってしまう」と気づいて焦った。大谷の話を聞きながら手を挙げ、次の質問者を決める広報部長の目をじっと見ながら「私を当ててくれ」という念を送り続けた。が、その念はなかなか届かなかった。

デコピンで沸いた会見で回ってきた順番

会見が後半に突入すると、いきなりカジュアルな質問が飛び出した。FOXスポーツの記者が「テレビに映って以後、あの犬の名前を世界中の人が知りたがっている。待ち切れないよ」と質問したのだ。会見場は笑いに包まれ、大谷も白い歯を見せて「ふふっ」と笑いながら、こう答えた。

「デコピンっていうんですけど。こちら（米国）の人はあまり発音的に難しいというかあれなので。元の名前はデコイ（Decoy）というので、こちらの人に説明するときは呼びやすいデコイで紹介しています」

恥ずかしながらその時の私は、愛犬の犬種が狩猟犬であり、デコイ（Decoy）は「狩猟の際のおとり」という意味であることも、一般的に犬はブリーダーが付けた名前に発音が近い名前を付けることが多いことも知らなかった。しかし、「デコピン」という言葉だけは、ハッキリと聞き取れた。大谷は人をからかうときに中指で相手の額《でこ》をはじく「デコピン」が好きで、日本ハム時代から同僚の選手たちによくやっていた。だから犬の名前を聞いたとき、その「デコピン」が由来なのかもしれないと思った。

会場が沸きに沸いたこの質問の直後、私が指名された。念が通じたようだが、なんというタイミングだろう。

事前に用意してきた質問はいくつもあった。「打者としての来季開幕への思い」「投手復帰の見通し」「移籍交渉中にロバーツ監督が面談した事実を公表したことについて」など、どれも127日ぶりのメディア対応の席で聞きたい質問ばかりだ。

しかし会見場は今、大谷の愛犬の名前が「デコピン」(Decoy)だと公表されたことで沸いている。この流れを崩すのはもったいない。だが、質問は原則1人1問のみ。熟考し直す時間もない。ここはとっさに判断しなければならなかった。

私は意を決して、用意してきた質問の最後に「デコピン」を併せて質問した。

柳原「来年は打者に専念されるということで、まず開幕に間に合うのかというところ。また、今年より素晴らしい成績を残してほしいという期待が多く集まると思いますが、そこへの思いをお聞きしたいです。そして、もうひとつ。今おっしゃられたデコピンの由来を教えていただければ幸いです」

大谷「バッティングの方は、今もうドライスイング（素振り）の方を始めているので、概ね予定通りにまず来ている、若干早いくらいの感じで来ているので。スプリングトレーニングでしっかりゲームに入れる準備ができていれば、十分に開幕に間に合うんじゃないかなという感じはします。（名前の）由来に関しては、元々デコイっていう名前があったので、それに近い感じで選びました」

大谷の回答を聞いた瞬間、「質問の仕方を間違えた！」と思った。

デコピンの名前が「デコイ」から来ていることは、直前の質問でわかっていたことだ。私が聞くべきことは、名前はデコイのままでも良かったはずなのに、「なぜデコイではなく、デコピンという、犬の名前としては珍しい名前を選んだのか」だった。せっかくの機会に自分の意図とは異なる質問を投げてしまったことが悔やまれた。

取材では事前に入念な準備をして質問を用意することが大切だが、取材対象者の回答を受けてそれを深掘りすることも、準備と同じくらい大切だと思っている。特に今回のような大規模な会見では、各質問者がそれぞれ事前に準備してきた質問をぶつける傾向が強く、話題があちこちに飛んで、会見が盛り上がらないケースをこれまで何度も見てきた。だからこの時は意識的に直前の質問の流れをくんだ質問に変えたのだが、それによって本来自分が聞きたかったことは聞けなかった。

サプライズを想像せずに投げた野暮な質問

デコピンの4文字は会見後すぐさま地球を駆け巡り、SNSでは世界トレンド1位に躍り出た。その後も大谷の話題には常にデコピンの話題がついて回った。2024年2月のファン感謝イベントでもデコピンについて質問が飛び、同年7月に開催されたオールスター戦の前日会見でもそうだった。

恒例のオールスター戦時の会見はシーズン中とはいえ祭典というイベントなので、通常の会見よりも時間に余裕があり、多くの記者が大谷に質問できる。私は幸運にも次の4つの質問を聞くことができ、そのうち1問には野球以外の質問も交えた。

① 今年のオールスター戦の目標

② 前半戦の盗塁数増加に関して
③ 30代を迎えた回復力やケアの変化
④ 真美子夫人や愛犬デコピンは同行しているか

①~③には大谷はよどみなく答えてくれたが、④に関しては意外なほどに素っ気なかった。

柳原「家族や真美子夫人、愛犬のデコピンはオールスター戦の会場に来ていますか？」
大谷「来ています」
柳原「明日は一緒にレッドカーペットに参加する予定ですか？」
大谷「その予定ではいます」

答え方が素っ気ないと感じて、「やはり、野球の話を外れたプライベートな部分に切り込んだことで、不愉快な思いをさせてしまったのだろうか……？」と反省しながら翌日を迎えた。だが、それは良い意味で予想を裏切られる結果となった。

オールスター戦の開始前には恒例のレッドカーペットショーが開催される。この年のオールスター戦に選ばれたスター選手たちがドレスアップして家族とともに赤い絨毯の上を歩くイベントで、独身だった大谷はこれまではひとり、もしくは通訳と一緒に歩いていた。

しかし新婚の大谷はそのレッドカーペットショーに、真美子夫人と手をつないで登場した。公の場でのツーショットは同年5月に開催された球団イベント以来。球場に隣接した華やかな会場で、夫人は白のパンツドレスに身を包み、大谷は裏地に愛犬デコピンの顔が何枚もプリントされた茶色のスーツに白いシャツとスニーカーを合わせた。

「二人で歩くことは決まっていたので、色をどうしようかなと。ブラウンと白でいいんじゃないかなという感じで。じゃあ裏に（愛犬の刺繍を）入れようかみたいな感じだった」と、その経緯を明かした。

デコピンを自身のスーツの裏地に入れる演出をするとは、まさにサプライズ。会場には連れて行けないけれど、デコピンと一緒に歩きたい――という気持ちだったのだろう。大谷にとってはじめて「家族全員」で参加するレッドカーペット・ショー。前日の会見で私が質問したときに、詳細を明かそうとしなかったことも理解できた。我ながら野暮な質問だった、と自省した。

オールスター戦自体にはデコピンを同行していたのに、レッドカーペットでは姿が見えなかった理由について大谷は、「トイレをしたら困るので。お留守番をしていました」と説明したが、それには伏線がある。同月7日の本拠地での試合後に、選手や首脳陣らが家族とグラウンドで触れ合う「ファミリーデー」が開催され、大谷夫妻もデコピンを連れて参加した。その際、フィールドを走り回っていたデコピンが遊撃後方と右翼付近で「トイレ」をするハプニングがあった。大谷が処理したが、それが「レッドカーペットにデコピンを連れて行けない」最大の理由となったようだ。

その後も、大谷のデコピンへの愛情は至るところで見られた。特別なデザインのバットやスパイクで個性を表現できる8月の「プレーヤーズ・ウイークエンド」※3では、デコピンの顔がプリントされた同社のスパイクを着用。その後もそれを履き続け「験担ぎというか、良い流れが続いているので、そんな感じで使っている」と笑顔で語り、史上初の「50－50」達成時も同スパイクを使用。そのスパイクを米野球殿堂に寄贈後も、再び新しい「デコピン・スパイク」を履いてプレーをし続けた。

地区優勝時には真美子夫人とデコピンとともにグラウンドに現れて記念撮影。リーグ優勝時も自身のインスタグラムの最後にデコピンを抱き上げ、試合後のグラウンドを眺める様子を投稿した。

野球に全てを注ぎ、「史上最高の野球選手」「メジャーの顔」と称される30歳だが、グラウンドを離れれば真美子夫人とデコピンに全力で愛情を注いでいる。そんな姿が見られるようになったことに嬉しさを感じているのは、きっと私だけではないだろう。

※1：日本ハム時代の2014年12月のエピソード
※2：メジャー挑戦を表明した2017年11月11日の日本記者クラブでの会見
※3：2024年8月16日対セントルイス・カージナルス戦「プレーヤーズ・ウイークエンド」

13章

時間を大事にする

〝無理はできる間にしかできない〟という意味をどう捉えましたか?

イチローのコメントに含まれた意味

日米野球界のレジェンド、イチローは、大谷にとって野球を始めた小学2年生から〝憧れ〟の存在だ。

大谷はメジャー移籍前からイチローと親交を深め、エンゼルス時代の1年目で不振に苦しんだ2018年の開幕前にはバット1本を持って同氏の自宅を訪れ、助言を受けた。一方、イチローは翌年、自身の引退会見※1で「投手として20勝するシーズンがあって、その翌年に50本打ってMVPを獲ったら化け物ですよ。でも、翔平はそれが想像できなくはないですからね」と話していた。

2021年10月3日、当時エンゼルスだった大谷が先頭打者で46号本塁打を放ったマリナーズとのシーズン最終戦後。マリナーズOBであるイチローが日本の報道各社の要望に応え、投手で9勝、打者で46本塁打など二刀流で伝説的なシーズンを過ごした2021年の大谷にコメントを寄せてくれた。

「大谷翔平と言えば二刀流、無限の可能性、類いまれな才能の持ち主、そんなぼんやりした表現をされることが多かったように思う。比較対象がないこと自体が誰も経験したことがない境地に挑んでいるすごみであり、その物差しを自ら作らなくてはならない宿命でもある。外野からの視点だが、ケガなくシーズンを通して活躍した2021年は具体的な数字で一定の答えを示した年だと思う。中心選手として長い間プレーするには、1年間全力でプレーした軸となるシーズンが不可欠だ。それが今年築けたのではないか。アスリートとしての時間は限られる。考え方はさまざまだろうが、無理はできる間にしかできない。21年のシーズンを機に、できる限り無理をしながら、翔平にしか描けない時代を築いていってほしい」

イチローが言った「無理はできる間にしかできない。21年のシーズンを機に、できる限り無理をしながら、翔平にしか描けない時代を築いていってほしい」という部分が、とても気になった。特に「無理はできる間にしかできない」という言葉の解釈には考えさせられるものがあったからだ。

極論にすれば、たとえば、投打同時出場でフルイニング出場をする、といった肉体的な限界に挑戦するような〝無理〟という意味として捉えることもできるし、メンタル面、食事面など肉体的要素以外の何か別の限界に挑戦するような〝無理〟と捉えることだってできるだろう。この年の大谷は登板前日と翌日の休養日を撤廃した。だから「自分の限界突破に挑戦する意識の大事さ」を説いているのではと推測することもできた。

大谷もこのイチローからのコメントをメディアを通じて読んでいるはずだ。憧れの存在から届いたメッセージをどう捉え、どう野球人生につなげていくのか。

大谷がどのように受け取っているのかを知りたかった。この時にはすでにシーズン中の大谷の取材対応が終了していたため、「これは次回の取材時に必ず聞かなければならない」と自分に言い聞かせた。

会見中に迷いが生じた

その「次回」は、同シーズン最終戦から約1カ月半後の11月15日、日本記者クラブでの会見だった。

コロナ禍で報道陣は抽選で人数制限された中、記者90人、カメラマン24人、テレビカメラ10台が集結した。さらにリモートでは海外からも含めて195人の記者が参加。大谷の日本記者クラブでの会見はメジャー挑戦を表明時の2017年、新人王に輝いた2018年に続き3度目だったが、緊張感と熱気はこの時が過去最高だった。

二刀流で歴史的な活躍を見せた27歳の一挙手一投足が注目された濃密な1時間。私は予定通り、「イチローさんのメッセージの解釈について質問する」と秘かに息巻いていたが、会見中に迷いが生じた。

その日は囲み取材ではなく、会見方式だった。各記者がそれぞれの立場でそれぞれが必要な質問をするため、質問内容は「東日本大震災から10年に関する思い」「日本ハムの栗山英樹監督の退任及び新庄剛志新監督の就任について」「秋の東北大会を制した母校・花巻東へのメッセージ」など話題が多岐にわたっていた。もちろんどれも興味深い質疑応答だったが、翌日のスポニチの紙面に書くべき内容としては、その3日後に発表が控えていたMVPに関する話題がより必要だと感じた。だから順番が回ってきたとき、私は急遽プランを変更して質問した。

柳原　「キャッチボールをしたり、バットを振ったりなど、現在のトレーニング状況をお教えてください」

大谷　「2週間くらいはほとんど動かずにアメリカでは休んでいたので、他の仕事を続けたりとか。日本に帰って来てからここまで隔離期間含めて2週間くらい。自宅でトレーニングをまずして、昨日から外に出て動き続けているので。スローイングはちょうど、この後から投げます」

柳原「ＭＶＰの発表はどこで待つ予定ですか？」

大谷「どこなんでしょうね。わかんないです」

結論から言うと、私が投げた質問は要領を得なかった。近況はまだしも、ＭＶＰの発表をどこで待つ予定かなど、秘密主義の大谷が明かすはずがないことは質問する前から想像できたが、スポーツ紙的に「〇〇で吉報を待つ！」みたいな見出しが立つのではないかと一瞬、頭をよぎってしまった。その〇〇が珍しい場所なら尚更、良いのではと……。我ながら浅はかな発想だ。「わかんないです」と言った後の大谷が笑顔を見せていたことが唯一の救いだった。

なぜ、初志貫徹できなかったのか。なぜ、迷ったのか？

会見終了後は同じ建物内の喫茶店で原稿を執筆したが、強い後悔が頭の中をうずまき、なかなか筆が進まなかった。

その解釈の向こう側

次こそは。そんな強い気持ちで臨んだ3日後の11月18日のMVP発表当日。メジャーリーグ専門局「MLBネットワーク」に生出演した大谷は喜びを語ると、約1時間後に全米野球記者協会（BBWAA）の電話会見に出席した。

オンライン会見が浸透してきた昨今で「今時、電話で会見？」と驚かれるかもしれないが、それがBBWAAの伝統だ。BBWAAは投票権を持つ新人王、最優秀監督賞、サイ・ヤング賞、MVPの受賞直後の選手会見を電話でつなぐ形で開催を続けている。

まず、事前にBBWAA所属の記者にメールで送られてくる指定の番号に電話し、所属と名前を伝える。その後、司会者と受賞者の通話回線に入ることが許可され、記者のマイクは主催者によってミュート（消音）される。質問がある場合は「1」と「#」を押す。司会者から指名された記者はマイクのミュートが外されて質問が可能になり、会見が進んでいく。この流れは事前に英語で案内される。

面と向かって話す英語に比べて、電話での英語のやり取りは難易度が高く、いつまで経っても慣れないが、この日はなんとか無事に会見に参加できた。担当者が「質問時間は米メディア10分、日本メディア10分」と案内し、質疑応答がスタートした。

電話越しに大谷の声が聞こえ始めると、さらに緊張感が増した。米メディアの持ち時間が終了し、次は日本メディアの番だ。「1」と「#」を押し続けていたら、3人目の質問者に指名された。

柳原　「イチローさんがシーズン後に大谷選手に関して〝無理はできる間にしかできない。2021年シーズンを機に無理をしながら翔平にしか描けない時代を築いていってほしい〟というメッセージを寄せました。大谷選手はその〝無理〟の意味をどのように捉えていますか?」

大谷　「無理というのは、ケガをする間際までとか、そういう意味ではないと思いますし。ピークでいられる時期っていうか。選手として良いパフォーマンスを保てる時期はそう長くはないので。時間の制約というか、そういうタイムリミットは毎年、毎年近づいていますし。その中で自分の能力を伸ばせる時間はそんなに多くはないので、そういう時間を大事にしながらやりたいなという。そういう意味だと捉えて頑張っています」

柳原「ナ・リーグMVPを受賞したハーパー選手が発表直後に泣いて喜んだのに対して、大谷選手は冷静に受け止めているように見えました。涙腺にきたかどうかなど率直な受賞時の心境を改めて教えてください」

大谷「泣くというよりは、すごく嬉しかったですね。満票だったので、ちょっとびっくりというか、良かったなという。そういう気持ちの方が強いです。ハーパー選手に関しては2回目だと思うので。そういう意味でも心境の違いがあると思いますし、素晴らしい打者なので、僕自身も見ていますし、いつか対戦できる機会があれば、嬉しいなと思います」

「無理はできる間にしかできない」に対する大谷の解釈は、私が予想していたものとおおよそ同じだったが、大谷はもう一歩先を見据えていた。なかでも「タイムリミットは毎年、毎年近づいている」という、当時まだ27歳だった大谷の言葉に重みを感じた。私が大谷を取材するようになってから常に感じてきたのは、その練習量の多さだ。その大谷が「自分の能力を伸ばせる時間はそんなに多くはない」と言ったことは驚きだった。日本メディアで質問できた記者はわずか4名。限られた時間内で2つも質問できたのは、運が良かった。

時間がないと感じている

前述した通り、大谷のコメントは全て日本ハム時代はノートに、メジャー移籍後はメモアプリに残している。そのノートを振り返ると、このMVP会見の6年前にも大谷は同じようなことを述べていた。当時の囲み取材の音声レコーダーも残っていたので久しぶりに聞いてみた。

それは日本ハム時代の2015年12月17日。2軍施設での自主トレ後、その日に女子サッカー界のレジェンド・澤穂希が引退したことを受けて「澤のように現役を長く続けるために何が必要か」と問われた大谷は、当時21歳とは思えない大人びた口調でこう熱く語っていた。

「選手のうちに養える技術はやっぱり10年、20年では足りないのかな。全部を知るのは無理なのかなっていうのは。それにちょっとでも（完成形に）近づくためにっていう、そのためにしっかり大事に過ごしたいなと思っていますし、現在も時間がないと思ってやっていますけど。（時間が）足りないですね。暇な時間はあまりないので。成長している、していない関係なく。時間はみんな平等ですけど、ないなとは感じます。そのためにしっかりと（今を）大事に過ごしたいと思っています」

澤とは面識がなく、女子サッカーの試合もニュースで見る程度だったそうだ。だが、世界を相手に第一線の舞台に立ち続けたアスリートの大先輩には尊敬の念を抱いていた。もし大谷が澤と同じく25年のプロ生活を送れば、大谷が引退するのは43歳だ。

柳原　「40歳まで続けても得られない技術や知識がたくさんありそうな感覚がある、ということですか？」

大谷　「40歳になったときの気持ちがわかるわけではないけれど、時間がないと感じているので。そうなんじゃないかと思って、今（練習を）やっています」

投打の二刀流ではその分、練習時間が多くかかるため、1分1秒も無駄にはできない。オフシーズンの自主トレもほぼ無休だ。その様子に二刀流を続ける覚悟と責任感が見えた。

この日の囲み取材の最後に私は、「明日も練習する予定ですか？」と聞いた。すると、大谷はこう答えた。

「やるかもしれないし、やらないかもしれない。明日の僕に聞いてください」

そう言ってイタズラっぽく笑い、合宿所に戻っていった。時間がない中で取材に対応しているため、どこかぶっきらぼうだが、最後は笑いで締めた。そこにいる担当記者たちもみんな笑い、誰もが「大谷はきっと明日も練習をするんだろうな」と思っていたようだった。

当時も、そしてドジャースでワールドシリーズを制した今も、大谷が限られた時間を大事にする姿勢は変わらない。

※1：イチローの引退会見は2019年3月21日

14章

本塁打を打つ意味

質問

トップの形から逆算で打撃を考えていますか？

一番大事なのは構え

これまで大谷は「僕自身はあまり本塁打を狙って打つ感覚は持っていない」と話してきた。打撃の基本スタイルは、二塁打を狙うことで「しっかり二塁打を基準にして、その延長でホームランだったり、打ち損じがヒットだったりという考え方」としている。

日本ハム時代も飛距離は群を抜いていた。普段、生で目にする機会が少ないセ・リーグの選手が交流戦で大谷の打撃を見て、「同じ野球選手だとは思えない」と真顔で話していたこともあった。２０１６年11月13日の日本とオランダの強化試合で天井に当てた「認定二塁打」の噂は米国にも轟いており、私もアメリカ人のドジャース番記者たちから「天井にどうやって当てたの？　推定飛距離160メートルって、どういうこと？」と何度も聞かれた。

だが、日本ハム時代の年間最多本塁打は2016年の22本。登板前日と翌日は原則、休養日を設けていたことをはじめ、出場試合数が限られていたことも大いに関係するとはいえ、試合で本塁打を量産するタイプではなかった。

エンゼルス移籍1年目の2018年、大谷は打率2割8分5厘、22本塁打、61打点、10盗塁で新人王を獲得した。同年12月2日の都内某所で単独インタビューが許されたときのことが、私の取材メモに克明に残されている。インタビュー場所は当時私が住んでいた駅からたった一駅という奇跡も重なり、ギリギリまで準備することができた。準備の大切さはいつも大谷から学んでいる。制限時間30分を考慮した質問案を作成し、もちろん想定問答も行った。

シーズン中は時間や質問に限りがあるため、打撃の専門的なところまで深掘りするのは難しいが、オフならそれができる。私は日本ハム時代と2018年の大谷の打撃フォームの連続写真を持参して、本人にその写真を見せながら自身の打撃フォームを解説してもらうことにした。

柳原「松井秀喜さんがインタビューで大谷選手の打撃フォームについて〝トップのバットの位置が体から離れていて捕手寄りにちゃんと取れている〟と褒めていました。打撃フォームはトップの位置から逆算して考えていますか？」

大谷「一番大事なのは、構えですね。動く前。動く前というか、投手の見え方。自分がどうやって動き始めるか。良いときは投手がモーションに入る前に、構えている段階で、もうこれは打てるなという感じはするので。本当に打撃が悪いときっていうのは何も思い浮かばないというか、自分がどう立っているのかすら本当わからなくなってくるので。一番はやっぱりそこですね。どこを大事にしているかと言われれば」

柳原「2018年開幕直前から取り入れたノーステップ打法に関して、以前に〝過程を省いただけ〟とも話していました。構えをしっかりするための過程を省いたという意味でしょうか」

大谷　「そうですね。自分で表現しているというより。ステップはしているので、それが事実というのと。そこまで、変えるところは多いですけど。毎年変わっていますからね、そんなのは今に始まったことではないので。本当に野球始めてから今日まで、ずっといろいろと変えてはいるので。たまたまなんか取り上げられているだけで、そんな特別なことをしたとは思ってはいないです」

柳原　「ナショナルズ（現フィリーズ）のハーパー選手は、大谷選手の打撃フォームについて〝頭の位置が動かないのが素晴らしい〟と話していました。そこも意識している点でしょうか？」

大谷　「頭もそうですし、全体的にあまり動かない。なるべく動かずに、なおかつ大きな力を発揮するっていう。バントなんて典型ですけどね。最初から構えて、こうここにきたのだけやればバットに当たる確率ももちろんヒッティングより高いし。バントでホームランにできるならそれが一番確率が高いとは思う。

その延長線上で、バッティングでこうやっぱり反動をつけなきゃいけないしというところかなと思います」

打撃で最も大事な点は構えだ。そして、なるべく小さな動きで大きなパワーを発揮する。2024年シーズンでも大谷は打撃について聞かれる度に同じ内容を話した。

そして、この「バントでホームランにできるならそれが一番確率が高い」という発言。かなり極端な表現だが、大谷があまりにも自然に口にしたからだろうか、私はこれをさらっと流してしまった。取材後、「大谷が求める究極の打撃の形」をイヤホンで聞き直し、思わず笑ってしまったほど後悔した。「バントでホームランにできるなら」――なぜここで掘り下げる質問ができなかったのか。

メジャーの取材では日本人以外のメジャーリーガーに英語で質問して、返ってきた内容を瞬時に聞き取れないことがある。やり取りをレコーダーで聞き直して初めて気づき、その場で相手の言葉を掘り下げられなかったことを反省するのだが、日本語のやり取りでも同じことがたまに起こる。

この時に大谷が言ったことは、それだけで「新聞の見出し」になるような発言だが、「えっ、バントですか？」と聞き直すだけでも、もっと話は広がったはずだ。後悔してもしきれない。それほど私にとってインパクトの強い返答だった。

本塁打を渇望していた大谷を見て

ホームラン打者としての大谷の転機はメジャー移籍後、投手として登板する日の前後の試合も打者として出場するようになり、自己最多の46本塁打をマークした2021年だ。

全打球の46・6％が右翼方向で46本中30本が右翼。靭帯再建手術（通称トミー・ジョン手術）から復帰7戦目の2019年5月14日のツインズ戦後に「ライト方向は角度さえつけば、ある程度当てただけでも入るものだと思っているので。そこまで練習するところではないかなと思っています」と語っていたが、その言葉通り、いとも簡単にスタンドインさせているように見えた。ただ、外角球を強引に引っ張って凡退するリスクも高く、2022年以降は広角に打ち分けるスタイルに原点回帰した。

その原点は、父・徹さんの教えが大きいだろう。重点的に指導されたのは、広角に打ち分けること。特に「左中間に飛ばして、二塁打をたくさん打ちなさい」と言われてきた。そのために取り組んだ練習のひとつが腰を回さず、腕だけで振るティー打撃だ。腰を使うと体が先に開いてファウルになる。父と1対1で練習したティー打撃が、大谷の逆方向への強い打球を生んだ。〝大谷以前〟に日本最高の長距離砲だった松井秀喜は典型的なプルヒッター※1だったが、大谷は本塁打を広角に打てる。それがこの二人の大きな違いだといえるだろう。

2024年は大谷にとって、松井秀喜が記録した日本人選手最多本塁打175号を超えた節目の年でもあった。4月3日、ドジャースに移籍後、初本塁打を記録※2。自己ワーストを止める開幕から9試合目、41打席目での待望の一発だった。フリーエージェントとなった2023年オフのドジャース移籍後、結婚発表、水原一平元通訳の違法賭博問題など激動の日々を経験した後とあって、この試合後の言葉には今までにない重みがあった。

「自分の中ではかなり長い間、打っていないなという感覚だった。まず1本出て安心しているのが率直なところだと思います」

番記者として大谷を10年以上追ってきたが、こんなに本塁打を渇望していた大谷を見たことはなかった。表情も今までになく明るく、安堵や苦悩、喜びなど計り知れない感情が込められているように見えた。

日本人選手タイ記録の175号を放った4月12日のパドレス戦では、大谷は松井秀喜の記録と並んだことに関して次のように話した。

「個人的にはもちろん嬉しいですし、日本の野球界にとっても大きいことだと思います。個人的には切り替えて、また次の1本打ったら次の1本ということが大事かなと思います」

日本人選手最多176号を記録した4月21日のニューヨーク・メッツ戦後は、「日本の野球界にとっても大きいこと」と話した真意について改めて言及している。

「長打を持ち味にして打っていくスタイルはサイズがないとなかなか難しい。そういう意味では幅が広がるのかなとか、バッティング自体の目標の幅が広がっていくんじゃないかなと思います。ホームランだけをもちろん狙っているわけではないですし、バッティング自体の可能性を広げていく作業だと思っている。その中でフォアボールもあるし、単打もあるし、二塁打もあるし、ホームランもあるしということだと思っている。その可能性を広げる中で、ホームランがあるかどうかで相手にかかるプレッシャーももちろん違いますし、ボール自体にも多少影響するので。そういう意味では自分の長所でもあるので大事にしていきたいと思います」

グラウンドで打撃練習をしない理由

ちなみに大谷は2021年以降、試合前にグラウンドで練習することが極端に減った。登板間のキャッチボールと、ブルペン投球を行う日だけ報道陣の前に姿を現す。

大谷が打者として出場するときに試合前に記者たちから見える準備は、試合直前に外野で数本ダッシュを繰り返すだけ。打撃不振の際に気分転換も兼ねてグラウンドでフリー打撃を行うことが数度あったが、2024年はゼロだった。屋内の方が効率的にスイングをチェックできるため、屋内のケージでの打撃練習に専念してきた。

2021年当時、エンゼルスのリード打撃コーチは「2、3種類のドリル（メニュー）を屋内の打撃ケージの中で1年中やっている。時間は15分程度」と明かしていた。これはドジャース移籍後も基本的には変わっていないようで、ベーツ打撃コーチやバンスコヨック打撃コーチに聞いてもほぼ同じ回答だ。屋内ケージでは変化球や相手先発の左右を想定したマシン打撃ができ、複数のビデオで撮影することで打球の速度、飛距離、角度などのデータが「見える化」されており、リアルタイムで確認できる。

大谷は屋外で打たない理由について「外で打つともっと飛ばしたいとなり、余分な動きが出てくる」と話したこともある。もちろん屋外での打撃練習には、打球がどんな軌道で飛ぶかイメージを膨らませることができる利点があるが、2020年から2022年までエンゼルスの監督を務めたジョー・マドンも当時「本塁打競争になってしまう」

と、屋外での打撃練習をあまり好まないと明かしていた。ニューヨーク・ヤンキースのアーロン・ジャッジも同じようにグラウンドで打つことが少ない。「大谷式」ルーティンはメジャーリーガーにも徐々に浸透してきた印象だ。

打って、走って規格外の高いパフォーマンスをするのは驚き以外の何物でもないが、二刀流は肉体的に重い負担を強いられる。だから試合前の練習をほぼ屋内だけに限ることにより、疲労が減ることが重要なのは間違いないだろう。

大谷と本塁打といえば、毎年のように話題になるのがオールスター戦での本塁打競争への出場論争だ。持ち時間内での本数で競う現行ルールは選手の負担が大きく、スター選手が出場を辞退するケースが続いている。一定のアウト数に達するまでの本数を争う2014年までの旧ルールに戻せば、チームも選手へ出場許可を出しやすくなると思うが、現状では抜本的な変更の予定はないようだ。

大谷が唯一出場した2021年は自ら「単純に日本人が出ているところを見てみたかった」と語り、日本人選手初優勝への魅力を感じていたようだった。二刀流で現代野球の常識を覆し、2023、2024年に2年連続で本塁打王に輝いたが、日本人選手初のホームランダービーの優勝も、先駆者として新たな勲章になるだろう。大谷を筆頭にスター選手がこぞって出場を表明できる楽しいイベントになることを祈っている。

※1：プルヒッターとは右打者なら左側へ、左打者なら右側へ力強く引っ張る打者のことを指し、特にパワーが自慢の打者に多く見られる傾向がある。スプレーヒッターとは、右へ左へと広角に打ち分けることができるバッターを表す

※2：2024年4月3日対サンフランシスコ・ジャイアンツ戦。大谷のドジャース移籍後初本塁打は7回の右中間ソロ本塁打

MARLINS.COM/TICKETS
MARLINS
Dodgers
17

15章

寝ることと食べること

質問

この2日間の過ごし方は？

「大谷と睡眠」に関する取材歴は長い

大谷がグラウンド以外で最も多くの時間を割くのは、睡眠だ。メジャーリーグのシーズン中は時差を伴う長距離移動が多く、「いつ寝るかの準備を数日前からしっかり計画的にやる必要がある」と語っており、結婚後も生活リズムを変えず「ギリギリまで寝る」ことを信条としている。

睡眠時間を確保しづらいナイター試合翌日のデーゲームでも、スケジュール管理を徹底。通常、試合開始2〜3時間前に球場入りし、蓄積疲労を回避するため屋外には出ず、タブレット端末を使って相手投手のデータを整理し、屋内調整に専念するのがルーティンだ。

多くの選手たちが試合開始4時間前には球場入りし、体のケアや個別練習などに時間を割いてから全体練習に備える。だが大谷は二刀流。疲労度は本人にしかわからず、疲労回復には睡眠を何より優先する。

「記者イジり」（7章参照）と同様に、「大谷と睡眠」に関する我々報道陣の取材の歴史は長い。

プロ1年目の2013年オフ。日本ハムグループの管理栄養士から「朝起きる時間を一定にすると疲労回復に良い」というアドバイスを受けて以来、大谷は毎朝午前7時45分の起床を継続。最低でも「7時間は寝ています」と睡眠時間も確保。細かい誤差はあっても、午後11時頃に就寝して午前7時頃に起床という8時間睡眠を維持。それを少なくともメジャー移籍前までずっと続けていたという。

2016年の日ハム時代、米アリゾナ・キャンプ地から沖縄のキャンプ地に向かう際の飛行機でも大谷は睡眠時間をしっかり計算していた。アリゾナを現地時間の午前1時45分（日本時間午後5時45分）に出発し、14時間のフライト中に日本時間に合わせて午後10時から午前4時まで6時間睡眠。沖縄到着後は午後から精力的に体を動かし、「（日本から）アリゾナに入ったときは2日間ぐらい時差ボケがあったので、帰りはある程度、時差ボケがないようにと計算した。時差ボケは今のところない」と話した。往路の失敗を早々に活かし、沖縄キャンプには良いコンディションで臨んだ。

1度目の右肘トミー・ジョン手術から復活を目指してリハビリ中心のメニューだった2019年の春キャンプでは、練習後の過ごし方について「夜は午後11時くらいに寝るけど、帰ってすぐ18時くらいまで寝てるときもある。2回、寝ている」と明かした。キャンプ中で試合のない日は、正午過ぎにはおおよそのメニューが終わって帰路に就くケースが多い。たとえば、家に帰ってから午後2時から4時間寝て、夜の睡眠時間を7時間とすると、計11時間を睡眠に充てたことになる。それにしても、よく寝る。

2023年3月のWBCで日本代表の一員として世界一に貢献したときは、決勝戦の翌日にマイアミを発ってアリゾナ州のキャンプに合流。本格的にアメリカで再始動した

2日後の3月24日の練習後に語った内容も、やはり睡眠の重要性だった。

柳原「マイアミからアリゾナに戻ってきた、この2日間の過ごし方を教えてください」

大谷「寝ましたね。やっぱりリカバリーが一番なんで。今日も帰って寝ますけど。この後、1週間くらいですかね。野手としてDHで出ると思いますけど、それ以外の時間は極力リカバリーに充てたいなと思います」

柳原「明日のオープン戦は打者で出場する予定ですか？」

大谷「今日たぶん帰るかもしれないので。この後、アナハイムに。フリーウェイシリーズで出ると思いますけど。それまではある程度、体を休めてという感じですかね」

練習後も睡眠でリカバリー。この日の大谷の回答にもブレはなかった。

何よりも睡眠が優先

2023年のシーズン中、遠征先のセントルイスで試合がなかったオフ日に、WBC日本代表でともに戦ったカージナルスのラーズ・ヌートバーから食事に誘われた大谷。ヌートバーとはWBC期間中には一緒に食事に出かけるなどした気心知れた仲だが、それと自らのコンディションを維持することは別の話だ。大谷は睡眠を優先したいからと言って食事の誘いを断った。

前述の会見で大谷は「昼寝を含めて10時間以上を睡眠に充てていること」を明かし、「寝れば寝るだけいいかなと思います。質はその次。まずは量を確保することかなと思います。どれだけ寝れたかが一番かなとは思うので。比較的、ずっと寝ていますね」と語った。

また、大谷は2021年より普段の生活時から二の腕に黒いバンド型のハートレート・モニター「モータス」を装着するようになった※1。「睡眠の質とか睡眠をどれくらい取れたか、リカバリーできたか見る。常に着けていて、トレーナーと（データを）共有するためのもの」と説明している。ドジャースの投手陣の中でも山本やタイラー・グラスノーが装着している代物だ。

2024年は韓国での開幕戦翌日に水原一平元通訳の違法賭博関与、銀行詐欺問題が発覚し、精神的にも疲弊したことで「睡眠が足りていない日々が続いていた」と話していた。この間は体調も崩した。本来、大谷が必要とする約10時間の睡眠が取れるようになったのは「自分のやるべきこと（書類提出など）をして、いったん解決した段階」からだったという。

睡眠といえば、左肩脱臼を抱えながら強行出場した同年10月28日のヤンキースとのワールドシリーズ第3戦後。2024年に大谷に面と向かって投げかけることができた同シーズン最後の私の質問も、睡眠に関するものだった。

柳原　「昨日までの過ごし方でいえば、寝るときが大変だと思うんですけど、たとえば、右肩を下にして寝ることも気を使いますし、左肩はできないですし、寝るときに工夫したことがあればお願いします」

大谷　「ドクターに言われているのは、なるべく枕を挟んで固定したりとか、寝ていないときは逆に動かして固まらないようにするのがいいと言われていました」

どうやって枕を挟んでいるのか？　どうやって左肩を固定しているのか？　投げる利き腕の右肩を下にして寝ることはないはずだから……さらに質問すべきことがいくつもあった。しかし、私はすでに2つの質問を投げた後。時間制限のある会見のマナー上、3つ目の質問をするのは難しかったので詳細は確認できなかった。モヤモヤしたまま会見は終了したのが心残りだが、これは「大谷取材あるある」でもある。反省は尽きないが、いつか必ずこのことを確認したいと思っている。

コンディション維持のための食事管理

大谷は睡眠だけでなく、コンディション維持のために徹底した食事管理も重視している。2020年11月のスポニチの単独インタビューでは食生活について次のように語った。

「本当にゆでたり、焼いたりとか質素なものですね（笑）。調味料とかなるべく使ったりしないので。あとはフルーツを食べたりとか、野菜をゆでてそのまま食べたりとか。そんな感じでいたって健康な食事を3食、食べています」

基本的に食生活は栄養重視でおいしさは求めていないようだったが、2023年4月2日のオークランド・アスレチックス戦後は、チームが軽食として配布したカリフォルニア発祥の人気ハンバーガーチェーン店「インアンドアウト・バーガー」の人気メニューのひとつ「ダブルダブル」[※2]を一気に完食。普段は食事管理を徹底しているイメージが強いが、関係者は「（ハンバーガーは）たまに食べている。珍しくはない」と実情を明かしていた。ただ、これは真美子夫人との結婚前の話なので、今はきっと状況が異なるだろう。

一般的に大谷の肉体は体脂肪率が低く、筋骨隆々というイメージがあるかもしれないが、相応の脂肪をつけている。これは間違いなく、意識してそうしているのだと思う。162試合をケガなく完走するため、よく寝て、よく食べる。前人未到の記録や二刀流がクローズアップされがちだが、大谷はプロのアスリートとして実に基本に忠実な生活を送っている。

　余談だが、記者である前に人として、あまり選手の着替えをジロジロ見るのはどうかと思うが、クラブハウスにいると自然と選手たちの準備、試合前の過ごし方が目に入る。それぞれの選手の筋肉のつき方なども否が応でも見えるし、グラウンド上の姿からはわからないことが学べたり、リラックスした状態の選手から話を聞けることもある。決められた時間に限られるものの、記者が選手のクラブハウスに入れるのは、信頼関係あってこそのメジャーリーグ取材の文化だ。長い時間をかけてこの文化を作ってくれた先人たちに感謝しなければいけない。

※1：ハートレート・モニター＝心拍数を測ってモニターする器具
※2：In-N-Out Burger の"Double Double"（2025年1月時点5・4米ドル）

16章

二刀流にこだわる

質問

二刀流を何歳までやりたいと思っていますか？

自分のことを二刀流とは言わない

「二刀流」という言葉は、大谷の活躍とともに広く世間に知れ渡った。野球に関心があるなしにかかわらず、子どもから高齢者まで「投手と打者の両方をこなす選手」と答える人が大多数と言っても過言ではないだろう。

記者や媒体によっては「二刀流」ではなく「投打二刀流」と丁寧に記す場合もあるが、今は「二刀流」だけでも意味が通じるようになった。語源は、剣豪の宮本武蔵が生み出した2本の刀を用いる剣術だが、元の意味で使うことは今はほとんどない。酒と甘いものを両方好きなことを意味したり、2つの事柄を同時並行で進めていくことを表現したり、生活に浸透した言葉だ。

しかし、大谷本人が「二刀流」という言葉を口にすることは少ない。

質問者が「二刀流」という言葉を使って大谷に質問したことは数知れないが、本人が自分のことをそう表すことは稀。だからと言って嫌がっているようにも見えない。どれだけ「二刀流」という言葉が市民権を得ようと、大谷としては自分で言うことへの気恥ずかしさがどこかにあるのかもしれない。

メジャー移籍後から記録している私の「大谷のほぼ全談話」に、その言葉を自ら発したという取材メモが残っていた。2020年2月15日、前述した花巻東高のチームメイトだった小原大樹さんがメジャーリーグの入団テストに挑戦中という話題を振られたときだった。ある記者から「小原さんに〝需要のある選手になれ〟とアドバイスを送ったそうですが？」と問われた大谷は、こう答えた。

「なれ！というか、左のサイドの90マイル（約145キロ）とか、そういう需要があるのかどうなのか、ということを聞いてきたので、やりたいなら、あるかどうかではなくて（需要を）作っていけばいいいんじゃないのかなとは思っていました。なので、あるかないかは特に（関係ない）。僕も二刀流の需要があるかないかということは気にしたことはないですし。結果、やりたいと言ったときに、エンゼルスで一緒に（二刀流を）やろうっていう感じはあったので決めましたけど」

囲み取材の輪が解けた後、報道陣は一様に「大谷が自分で〝二刀流〟と言った」とざわついた。かつての仲間のことを話すうちに、その時だけは気恥ずかしさがなくなったのだろうか。大谷といえば二刀流であり、二刀流といえば大谷だ。しかし、普段は自分のことを二刀流とは言わない男がそう言ったのだから、何かとても特別なことが起きたような感じだった。次元を超えたパフォーマンスで不可能を可能にする唯一無二のアスリートの人間らしさが垣間見えたようで、少し嬉しく感じた出来事だった。

当たり前だと思うな

日本と米国を行き来する生活を送っていると、出張の度に忘れられない英語表現との出会いもある。「Don't take it for granted」（当たり前だと思うな）。エンゼルスのマドン元監督が大谷の二刀流について口酸っぱく話していたときに使っていた言い回しで、英語ではよく使われる慣用句だ。

それも一度だけではない。事あるごとにマドン監督はこの慣用句を引用した。それからというもの、この言葉は私が大谷の二刀流を取材する際の「行動指針」となっている。同監督がそれを言うのを聞く度に、「一瞬たりとも大谷の偉業を見逃してはいけない」という気持ちになったのは、私だけではないだろう。大げさに聞こえるかもしれないが、それくらいの覚悟と責任感を持って、大谷の二刀流と向き合っているつもりだ。

誰も先が見えているわけではない

2020年シーズン終了後のスポニチ単独インタビューで大谷は、自身の二刀流の将来について赤裸々に語った。

柳原　「ご自身のピークの考え方を含め、二刀流を何歳までやりたいと思っていますか？　それはたとえば、現役引退までなのか、それとも、いつか投打どちらかに絞らないといけないと思っていますか？」

大谷「うーん……やれるまでやりたいなともちろん思っていますけどね。もちろん必ず（投打）どちらかでね、〝たとえば、もう一回ケガをして〟とかね。年齢的なものと併せて打つ方に専念した方が、選手としてもチームとしてもいいのかなと思う時期が来るのかもしれないですし。最後まで健康にね、どちらもやって、ただ単に実力がなくて引退するっていう時が来るのかもしれないし。そこもそうですね。あまりその先のことまで、可能性のある話というか、考えはしていますけど、必ずこうあるべきだというのは特には考えていないですね。１年１年勝負の年だと思って、駄目だったら駄目だったで、来年につなげるのか。もう無理だと思ったら引退するのか。それくらい出し切る気持ちで毎年やることがまずは大事だなとは思っています」

柳原「二刀流の継続は肉体的な部分とチームの需要が大事になるということでしょうか？」

大谷「どちらも（大事）ですね。もう限界にきているのか。もう投げれないとなったらば、じゃあ打つ方でやればいいじゃないかと思う時が、もしかしたら来るかもしれない。バッティングとして限界が見えて、ピッチャーの可能性がもっともっと広いと思うのであれば、ピッチャーだけやるということもあるかもしれない」

柳原「どちらかに絞るとしても、投打どちらかはわからないということですよね」

大谷「それがわかっていればいいと思うんですけど。誰も先が見えているわけではないので……」

このインタビューを行ったシーズンは、1度目のトミー・ジョン手術から2年ぶりに投手復帰したが、わずか2度の登板に終わっていた。翌シーズン（2021年）は球団を含め周囲を納得させるためにも、二刀流として結果を出さなければならないのは明らか。だから、「たとえば、もう一回ケガをして」という言葉は、「もうケガはできない」

という強い覚悟と責任感だと受け取れた。ここまで二刀流について踏み込んだ答えが返ってきたのも初めての経験だった。「若手でもベテランでもない当時26歳の微妙な心理状況」が読み取れて、回答を聞きながら驚いたことを覚えている。

その3年後の2023年7月10日、オールスター戦前日会見では、ある記者から「二刀流の原動力となっているものは何か？」と聞かれ、大谷はこう語っていた。

「ゲーム（試合）自体が好きですし、打つのも投げるのも好きなので、楽しんでまずはやるのが一番だと思います」

また、近年メジャーのドラフトで二刀流選手が複数人指名され「二刀流の扉を開いた」ということについて質問されると、「開いたということはないですけど、やりたいと思った人たちがやれない環境にはならないでほしいなと思っていたので、最初にやるものとしては、ある程度幅が広がったことはよかったなと思っていますし、何かまたわからないこと、調整の仕方とか手伝えることがあれば、もちろんオープンにしたいなと思っています」と続けた。

この会見から1カ月後の2023年8月に、その「たとえば、もう一回ケガをして」ということが現実に起きてしまった。翌月に自身2度目の右肘手術を受け、2024年は打者に専念した。

2025年に投打二刀流復帰のシーズンを迎え、7月には31歳になる。二刀流はまだまだ見てみたいが、それを継続できるのは「当たり前のことではない（Don't take it for granted)」と胸に刻みながら取材しなければと思っている。

忘れられない2022年の二刀流

私が大谷の二刀流で忘れられないのは、2022年シーズンだ。

同年は投手で28試合、166回を投げ15勝9敗、防御率2・33、219奪三振。打者では157試合、666打席に立ち、打率2割7分3厘、34本塁打、95打点。投打でダブル規定到達という前人未到の快挙を果たした。だがMVP投票はア・リーグ新の62本塁打を放ったヤンキース・ジャッジが1位票を28票集め、当時エンゼルスの大谷は2票。大差で敗れたとはいえ、その28人全員が2位票は大谷という完全な一騎打ちだった。
ただ、「ダブル規定到達」はこれが最初で最後となる可能性すらある壁の高い記録で、過小評価されていたと今でも思う。当時の大谷も「安定して出ればどちらもいける範囲の数字とは認識したが、無理して狙うことではないというのが率直なところ」と、目指すことによる負担の大きさを珍しく吐露していた。毎日、大谷のプレーを見ている番記者という立場を差し引いても、2024年で「実質4年連続MVP」は過言ではないはずだ。

2024年シーズンを終え、まだ30歳。ドジャースとの契約は9年残っている。ダブル規定到達が「最初で最後となる可能性」という私の見立てを覆し、サイ・ヤング賞はもちろん、バリー・ボンズが保持する7度受賞の最多記録を更新してほしいと願っている。二刀流として夢を超える現実を、まだまだ見たい。

17章

未来を見据える

質問

その思いは変わっていないか?

緊張しかない電話会見

全米野球記者協会(BBWAA)主催の電話会見はいつも不安との戦いだ。

前述(13章「時間を大事にする」)した通り、2024年でMLB担当7年目を終えたにもかかわらず、電話の英語には未だに慣れない。しかもオンライン会見に比べ、電話の音声は聞き取りづらく、それを録音するとさらに聞き取りづらい。接続状況も不安定で会見中に電話が切れてしまった経験をした記者も少なくない。大前提として、相手の顔が見えないことも選手、取材者にとってどうなのだろうかなど、いろいろ考えさせられる点はある。

そんな電話会見だが、2021年に大谷がMVPを受賞したときは〝奇跡的〟に質問に成功した（13章に詳細）。2023年のMVP受賞時は諸所の事情で会見自体が急遽中止になってしまったが、2024年のMVP受賞会見もなんとか無事に参加することができた。

2024年MVP受賞後の電話会見舞台裏

しかし、今回は質問をするために何度「1」と「#」を押しても、システム的に受理されている手応えがない。2021年の〝成功体験〟の記憶もおぼろげだった。だが、会見が始まって7人目の質問が終わった時点で、司会者が再度「質問者は『#』と『1』を押してください」と案内したので、自分が間違っていたことにそこで気づいた。急いで「1」「#」ではなく、「#」「1」の順で押すと、すぐに大谷の声を遮る形で「質問をする準備をしてください」という自動音声が流れた。

ついに私の質問の番がやってきた。司会者に「ナキユキヤンガハラ・フロム・スポーツニッポン」と名前が呼ばれ、"You have been unmuted."（ミュートが解除されました）」と自動音声メッセージが流れた。私の名前は「ナキユキ」でも「ヤンガハラ」でもないが、事前予告が来ていたため、多少異なる名前を呼ばれても迷わず反応することができた。

まず「この度はおめでとうございます」と伝えたが、大谷の返事は聞こえなかった。それでも話を続けなければならなかったので、「現在のリハビリ状況をお聞きしたいのですが、どんなメニューをして、次のステップはどんなものになるのか教えてください」と質問した。

すると、大谷の回答は「今は主に可動域を広げていく作業をしていて、もう抜糸も終わって傷口は閉じているので。今日から、本当についさっきから体幹トレーニングと下半身のトレーニングがようやくスタートしたという感じです」というものだった。

どうしても、もう一問、聞きたかった。

ウィル・アイアトン通訳の代役でその日の通訳を務めたマット日高氏が大谷の回答を

訳している間に、自動音声で"The host has muted your line."（主催者があなたの回線をミュートにしました）」と流れた。いちるの望みをかけて「もうひとつ質問、すみません。2021年はひとりで受賞発表に出演されて……」と続けたが、私の声は届くはずもなく会見は強制終了。私の額や手のひら、鼻の頭にはびっしょりと汗がにじんでいた。

「2021年はひとりで受賞発表に出演されて、2023年は愛犬デコピンと。そして2024年は真美子夫人を含めた家族全員での出演となった心境の変化を教えてほしい」

この質問を聞くことはできなかったが、この日に質問できた10人の記者の中で、日本人メディアでは私が唯一の質問者だった。

しっかり準備したのに大失敗！

その約3週間後、日本時間2024年12月10日の午前8時50分。新聞社及び通信社約10社が参加するオンラインでの「合同取材」が開催された。シーズンオフのインタビューは2022年の帰国時以来、2年ぶりだった。インタビューの予定時間は20分。しかも、今回は電話会見ではなく、オンライン会見だ。

私が事前に用意した質問は2つだった。

1つ目の質問は「二刀流の未来」。2023年12月に放映されたテレビ番組のインタビューで大谷は、同年9月に自身2度目の右肘の手術を受けたことについて「ピッチャーとしてはもちろん、2度目の手術なので、おそらくもう一度、同じ症状になったら配置転換。他のどこの野手のポジションかわからないですけど、そういうふうになる」と語っていた。

3度目の手術を受けることになれば、現在のような先発投手と指名打者の二刀流の継続は厳しいとの胸中を明かし、各メディアでニュースになった。現在もその頃と同じ心境なのか。投手復帰、二刀流復帰のシーズンを前に確認しておく必要があると思った。

2つ目の質問は「真美子夫人と結婚後、初めて迎えたオフ」について。右肘のリハビリ以外でどんなことを楽しみに毎日を過ごしているのか。愛犬デコピンの散歩や料理、映画やドラマ鑑賞などをしているのだろうか。野球に関すること以外の質問ができる機会は、シーズン中だとオールスター前日会見くらいしかないため、この2つは大谷にぜひとも聞いてみたい質問だった。

だが、私はここで初歩的なミスを犯した。開始予定時刻になってもインタビューが始まらないのだ。事前に大谷は画面に顔を出さないことが通達され、画面には合同取材に参加する複数の記者の顔が画面に映っているだけだった。

何かがおかしい……。その時、ある記者の口元がわずかに動いたのが見えた。しまった！　自分のパソコンの音声をミュートにしていたのだ。すでに開始予定時刻から7分ほど経過していた。体中から汗が噴き出た。

「二刀流の未来」について聞いた

冷や汗をかきながら必死の形相で会見に集中した。ここで他社の記者が二刀流の未来について質問していることがわかったが、大谷の回答は微妙に核心を外していた気がした。

会見終盤。司会者に「最後の3人」と予告された質問者のトップバッターとして、ついに私の順番が回ってきた。時間的に私が聞ける質問はひとつ。「二刀流の未来」についての質問に絞った。

柳原「私のミスで開始数分のインタビューの音声を聞くことができず、質問が重なってしまったらすみません。昨年12月のテレビのインタビューで〝もう一度同じ症状になったら配置転換。他のどの野手のポジションかわからないですけど〟と発言していましたが、当時とその思いは変わっていないでしょうか」

大谷「そうですね。必ずそうなるかどうかではなくて、ある程度、想定をいろいろしていくことが大事。その中のひとつとして、1回目のトミー・ジョン（手術）は必ず来ると思っていたので、そこは別に何とも思っていなかったんですけど、2回目のトミー・ジョンはタイミングがたとえば、どこで来るかとかによって。あとは進行状況ですね。一概にトミー・ジョンと言っても、どの程度靭帯が傷ついているかによって、ある程度、どのくらい投げられるかも違うので、いろいろ想定をしていく中で、現実的に3回目を受けるのがおそらく希望としては5年以上は伸びてほしいとは思っているので。年齢的にたとえば、35（歳）を過ぎたあたりで3回目の手術をして、復帰に1年かけてという領域に入っていくのが、正しい選択なのかどうかっていうのは、その時の自分のコンディショニングにもよると思うので、現実的に見れば、やはり2回目くらいまでが投手としては理想なのかなと思っています」

大谷の回答は私の予想を大きく上回り、非常に具体的だった。まず驚いたのが、2度目のトミー・ジョン手術までは本人の想定通りだったこと。そして、右肘の〝タイムリミット〟は最低でも5年という期間を想定し、たとえば、その5年後、自身が35歳の時に3度目のトミー・ジョン手術を受ければ、投手としてリハビリをしながら1年全休して打者出場をするのは体力的にも簡単ではないことがすでにイメージできていることだった。

これまで大谷がこれほど具体的に二刀流の未来について語ったことはなかった。

「投手・大谷」、少なくとも「先発投手・大谷」を見られる時間は、決して長くはない。大谷の想定は5年だが、もっと短くなる可能性だってある。それを考えただけで体中に緊張感が走った。

進めば進むほど足りない

この会見中、大谷は計23問の質問に答えたが、二刀流の未来以外にも興味深い質疑応答があった。

別の記者「さらに上を行くために、モチベーションを高く保つために、どのようなことをしていますか？」

大谷「それはあまり考えたことはないですね。野球を始めてから、段階が進むにつれて見える可能性だったり、自分の進む可能性が少しずつ広がってきて、進めば進むほど足りない、足りないという野心みたいなのが増えていったなという感覚なので、それにプラスして最近、ここの3年とかのスパンで言うと、足るを知るみたいな、自分が十分足りているなという、ありがたいなと思う部分というのが周りの環境も含めて多くなってきているので、モチベーションをどう高くしようと思ったことは、ないですね。あまり考えなくてもそこは昔から、進むにつれてむしろ高くなってきたなと。別にMVPをもらったからとか、今回優勝したからというのはひとつの形でしかない。一番大きい部分というのは現役でいるうちにどれだけ多く技術だったりフィジカルを自分の中で高めていけるかが趣味みたいな部分ではあると思うので、そこは特にあまり考えたことはないですかね」

モチベーションの保ち方は、私も知りたいことだった。前人未到の「50−50」を達成し、目標に掲げていた自身初の地区優勝、リーグ優勝、WS制覇を経験した後は、何を目標に頑張るのか。大谷は「もちろん（WSを）連覇したいというのが一番」と語ったが、一種の「燃え尽き症候群」のような状態になってしまわないか、もしくはそうならないためにどういう心持ちでやっているのか。絶対にそうはならないであろう大谷の考えを聞きたかった。

だが、やはり大谷の答えは私の想像の「斜め上」をいっていた。
「進めば進むほど足りない、足りないという野心みたいなのが増えていった」「別にMVPをもらったからとか、今回優勝したからというのはひとつの形でしかない」という言葉には、いかに大谷が周囲の評価や結果を気にせず、野球が上手くなることだけに集中しているかが表れていた。

予定された20分を大幅に超える28分40秒の会見。音声だけではあったが、大谷は終始明るい声で話し続け、まるで目の前に笑顔が見えたように錯覚するほどだった。

しかし、私は大反省……。聞き逃した部分の音声を送ってくれた他社の後輩記者には感謝しかない。このご恩は一生忘れません！

その数週間後の12月28日、大谷は真美子夫人の第1子妊娠を自身のインスタグラムで公表した。チームを勝利に導くための二刀流として、そして新たに父として、２０２５年は特別な一年となりそうだ。

LA
24
RLD SERIES

おわりに

大谷が歴史的な偉業を成し遂げる度に、私自身が日米問わず多数のメディアから取材オファーを受ける機会が増えた。ありがたいことだが、取材をする側から取材をされる側になった当初は違和感たっぷりで、今も慣れない。

相手が何を意図して質問しているのか、取材者によって質問の仕方はさまざまで、学ぶことがとてつもなく多いと感じている。

自戒も込めて、気をつけなければならないと思ったことは、取材者が事前に大筋のストーリーを決め、それを変えられないケースだ。質問に対して素直な意見を述べても、そのストーリーからズレたときには反応が薄く、質問者が求めている答えにいつの間にか誘導されることを何度か経験した。これは嫌悪感以外の何物でもなかった。

新聞記者の基本動作として関係者を取材し、事象に関連する人物のコメントを引き出すことを前述したが、付け加えると「事前に見出しをイメージしてから取材に臨む」という心構えも大事だ。

私は記者1年目にデスクに取材報告をした後に「見出しは？」とよく問いただされた。記事を書く上で、また新聞を作る上で大事なことは、それを通して「読者に一番、何を伝えたいか」ということだからだ。

この場合の「見出しは？」は、アクセス数を稼ぎたいがためにセンセーショナルな見出しを打ち出すことではない。見出しをイメージして質問することは取材に必須な準備である。しかし同時に取材対象者に嫌悪感を抱かせる危険もはらんでいることを、自分が取材される身になって実感した。

今はSNSで取材対象者が自ら発信できる時代だ。政治家や各界の著名人、タレントだけでなく、もちろんアスリートも自ら発信する中で、スポーツ報道も在り方や存在意義が問われている。

インターネットですぐ情報を得られる社会だからこそ、大事なことは実際に現場に足を運んで取材をすることだと思う。取材対象者は何を感じ、何を伝えたいと思っているのか。まずはそこを確認し、認識した上で質問を投げかけ、正確に記事で伝える。そんな誠実で愚直な記者でありたいと思っている。

大谷の密着取材はこれからも続いていく。特に全盛期を過ぎ、思うような成績を残せなくなったときにどれだけ丁寧に取材できるかが、私の〝大谷番〟としての存在意義だろう。

「Don't take it for granted」（当たり前だと思うな）

この言葉を胸に刻みながら、これからも多くの方々へ大谷翔平という希代の野球選手の声を真摯に届けていきたい。

Dodgers
GUGGENHEIM
TOYO TIRES
DAISO
ANA
Dodgers
17
SPORTSNET

装　幀　　藤田知子（HEMP）
写　真　　スポーツニッポン新聞社
編　集　　村山みちよ（JP Media International）

著者プロフィール

柳原直之（やなぎはら なおゆき）

1985（昭和60）年9月11日生まれ、兵庫県西宮市出身。

関西学院高等部を経て、関西学院大学では準硬式野球部に所属。

2008年、三菱東京UFJ銀行（現三菱UFJ銀行）入行。

2012年、スポーツニッポン新聞社入社。

遊軍、日本ハム担当を経て2018年からMLB担当。

大谷翔平を10年以上追い続けている。

現在は、「ひるおび」「ゴゴスマ」（TBS系）など多数メディアに出演。

著書に、『大谷翔平を追いかけて一番記者10年魂のノートー』（ワニブックス）がある。

大谷翔平《おおたにしようへい》への１７《じゆうなな》の質問《しつもん》
～取材現場《しゆざいげんば》で記者《きしや》はどんな葛藤《かつとう》と戦《たたか》いながら質問《しつもん》するのか～

2025年3月31日　第1刷発行

著　者　柳原直之《やなぎはらなおゆき》
発行者　林　定昭
発行所　アルソス株式会社
〒203-0013
東京都東久留米市新川町2-8-16
電話　042-420-5812（代表）
https://alsos.co.jp
印刷所　中央精版印刷株式会社

ISBN 978-4-910512-25-9 C0095